Serge Lanoë

Parcourir l'Union avec Dieu

Serge Lanoë

Parcourir l'Union avec Dieu

Cours avancé de mystique chrétienne

Éditions Croix du Salut

Impressum / Mentions légales
Bibliografische Information der Deutschen Nationalbibliothek: Die Deutsche Nationalbibliothek verzeichnet diese Publikation in der Deutschen Nationalbibliografie; detaillierte bibliografische Daten sind im Internet über http://dnb.d-nb.de abrufbar.
Alle in diesem Buch genannten Marken und Produktnamen unterliegen warenzeichen-, marken- oder patentrechtlichem Schutz bzw. sind Warenzeichen oder eingetragene Warenzeichen der jeweiligen Inhaber. Die Wiedergabe von Marken, Produktnamen, Gebrauchsnamen, Handelsnamen, Warenbezeichnungen u.s.w. in diesem Werk berechtigt auch ohne besondere Kennzeichnung nicht zu der Annahme, dass solche Namen im Sinne der Warenzeichen- und Markenschutzgesetzgebung als frei zu betrachten wären und daher von jedermann benutzt werden dürften.

Information bibliographique publiée par la Deutsche Nationalbibliothek: La Deutsche Nationalbibliothek inscrit cette publication à la Deutsche Nationalbibliografie; des données bibliographiques détaillées sont disponibles sur internet à l'adresse http://dnb.d-nb.de.
Toutes marques et noms de produits mentionnés dans ce livre demeurent sous la protection des marques, des marques déposées et des brevets, et sont des marques ou des marques déposées de leurs détenteurs respectifs. L'utilisation des marques, noms de produits, noms communs, noms commerciaux, descriptions de produits, etc, même sans qu'ils soient mentionnés de façon particulière dans ce livre ne signifie en aucune façon que ces noms peuvent être utilisés sans restriction à l'égard de la législation pour la protection des marques et des marques déposées et pourraient donc être utilisés par quiconque.

Coverbild / Photo de couverture: www.ingimage.com

Verlag / Editeur:
Éditions Croix du Salut
ist ein Imprint der / est une marque déposée de
OmniScriptum GmbH & Co. KG
Heinrich-Böcking-Str. 6-8, 66121 Saarbrücken, Deutschland / Allemagne
Email: info@editions-croix.com

Herstellung: siehe letzte Seite /
Impression: voir la dernière page
ISBN: 978-3-8416-9936-7

Copyright / Droit d'auteur © 2015 OmniScriptum GmbH & Co. KG
Alle Rechte vorbehalten. / Tous droits réservés. Saarbrücken 2015

Centre de mystique chrétienne

http://www.cmchr.net

PARCOURIR L'UNION AVEC DIEU

Cours avancé de mystique chrétienne

Serge Lanoë

Formuler pour notre temps les éléments de l'aventure avec Dieu, c'est entrer dans un chemin qui sait proposer un langage adapté aux hommes d'aujourd'hui. Il s'agit ici de souligner la constante nouveauté de l'aventure avec Dieu à la fois dans l'histoire des hommes et dans l'histoire personnelle de chacun.

Déjà, l'enseignement de Jésus était qualifié de neuf par ses contemporains. Jésus dit aussi que nous pouvons faire comme Lui et même plus que Lui. Cette perspective permet d'être à la fois humble et audacieux.

Nous sommes maintenant dans l'Union avec Dieu par Amour (mariage spirituel, union transformante, participation à la Vie Trinitaire...) : ici, il y a tout un autre volet de vie qui s'ouvre [1] [2] [3] et il y a d'autres « étapes » qui suivent...

Le mystique a accédé à l'Océan lui-même et arrive au point où le voyage vers Dieu s'arrête, où commence l'Exploration, où commence le Voyage en Dieu : on peut aussi utiliser la métaphore où l'on a atteint l'autre rive.

Ce parcours a besoin d'être mûri et d'être intégré dans la durée (compter au minimum un à trois ans).

[1] Louis Guillet, "Voyez quel amour DIEU nous donne", Mame, 1977.

[2] Auguste Poulain, "Journal spirituel de Lucie Christine", TEQUI, 1999.

[3] Robert de Langeac, "La vie cachée en Dieu", Médiaspaul, 2005.

1 FOLIE DE L'ÊTRE HUMAIN 13

1.1 La Foi et l'Espérance 13
1.2 L'Amour 13
1.3 Acter l'Amour 14
1.4 S'ouvrir de plus en plus à l'Amour 14
1.5 Les trois Cœurs 15
1.6 L'Étrangeté 15

2 METAPHORES 16

2.1 La métaphore du jardin 16
2.2 La métaphore de la montagne 16

3 UNITE SPONSALE 17

3.1 Une bonne compréhension de l'analogie sponsale 17
3.1.1 Dieu veut nous épouser 17
3.1.2 L'Étreinte des Époux 19
3.2 L'Étreinte 20
3.2.1 Le Contact 20
3.2.2 Étreinte avec le Christ 21
3.2.3 Étreinte avec le Père 22
3.2.4 Étreinte avec l'Esprit 22
3.2.5 Étreinte Trinitaire 22
3.3 Le Bien-Aimé 24
3.3.1 La Beauté du Bien-Aimé 24
3.4 Le Cantique des Cantiques 27
3.4.1 Introduction au Cantique des Cantiques 27
3.4.2 Commentaire du Titre et prologue 29
3.5 Mêlés à Dieu 33
3.5.1 Le goûter 34

3.5.2	L'Union des Volontés	34
3.5.3	L'Union transformante	34
3.5.4	Le « non-goûter »	34
3.5.5	La non-dualité	34
3.5.6	La Pureté, la Simplicité	35
3.5.7	L'Éternité (Rimbaud)	36

4 DANS L'ÉPAISSEUR DE DIEU 37

4.1 A l'école de Jean de la Croix (1542-1591) 38

4.1.1	Le monde au quotidien (Jean de la Croix)	38
4.1.2	Entrée dans le Saint (הֵיכָל)	38
4.1.3	Le Cellier	39
4.1.4	Nescivi : je n'ai plus rien su	41

4.2 Étapes avancées 42

4.2.1	La Nescience	42
4.2.2	La Contemplation	42
4.2.3	Le Jardin des Délices, Perception de l'Essence divine	43
4.2.4	L'Ivresse	43
4.2.5	L'Union non-duelle dans le Royaume	44
4.2.6	La Ville de Dieu	44
4.2.7	Un Buisson Ardent	45
4.2.8	Une Vie Paradoxale	45
4.2.9	Une Spirale sans fin (en cette vie)	45
4.2.10	La Paix, la Joie	46
4.2.11	La mort	46

4.3 Approches de l'Ultime 47

4.3.1	Pauvreté en esprit	47
4.3.2	La Vive Clarté du Réel	47
4.3.3	Le Flip-Flop d'Amour	47
4.3.4	L'Eveil du Fils dans le sein de l'être humain	48

- 4.3.5 Le Flux/Reflux 48
- 4.3.6 Le Soi humain 48

4.4 Poèmes 50
- 4.4.1 Ors 50
- 4.4.2 Jonction 51
- 4.4.3 Lumière Divine 52
- 4.4.4 Manteau 52
- 4.4.5 Simplicité 53
- 4.4.6 Essence 54
- 4.4.7 Fond Divin 55
- 4.4.8 Coïncidence 56

5 LE POLY-AMOUR 57
5.1 L'Eglise 57
5.2 Jésus et le Poly-Amour 58
5.3 Frères et Sœurs en Christ 58

6 VERS LE CENTRE DE DIEU 59
6.1 Primat de l'Amour 59
- 6.1.1 Un Élan du Cœur 59
- 6.1.2 Ouverture du Cœur 59
- 6.1.3 Tout embrasé et enflammé d'Amour 60
- 6.1.4 L'Incendie d'Amour 60
- 6.1.5 Mes Trois 60
- 6.1.6 English Synthesis 61

6.2 Le Royaume des Amants 62
- 6.2.1 *Sponsalisation 63
- 6.2.2 L'Acte du Poly-Amour 63
- 6.2.3 Les Appartements des Époux 64
- 6.2.4 Le petit lit fleuri 64

6.2.5	Donation des Époux 65
6.2.6	Le Lien Sponsal 67
6.2.7	Vers les Montagnes de Baume 67

6.3 Les Montagnes de Baume 68

6.3.1	Prendre Refuge dans les Montagnes de Baume 68
6.3.2	Appuyé sur le(s) Bien-Aimé(s) 68
6.3.3	Atteindre les Montagnes de Baume 69
6.3.4	Nescivi 69
6.3.5	Premières Explorations des Montagnes de Baume 69

6.4 La Conjonction 70

6.4.1	Vision au Cœur des Montagnes de Baume 70
6.4.2	Vision par l'Aimé du Dévoilement de Dieu 70
6.4.3	L'Attribut sponsal 74
6.4.4	Dans le Cellier 74
6.4.5	1ᵉʳ Sceau : le Miel du Rocher 75
6.4.6	2ᵉᵐᵉ Sceau : comme une Cire 76
6.4.7	3ᵉᵐᵉ Sceau : Pénétrés de l'Esprit 76
6.4.8	4ᵉᵐᵉ Sceau : Physicalité entre l'être humain et le Christ 76
6.4.9	5ᵉᵐᵉ Sceau : la Périchorèse des Bien-Aimés 77
6.4.10	6ᵉᵐᵉ Sceau : Participation à la Vie Trinitaire 77
6.4.11	7ᵉᵐᵉ Sceau : Participation de la Nature divine 77

6.5 La Louange et la Célébration 78

6.5.1	Prier avec tout son être 78

6.6 Configuration aux Trois Personnes 79

6.6.1	Configuré au Père 79
6.6.2	Configuré au Fils 80
6.6.3	Configuré à l'Esprit 80
6.6.4	Les Noms divins 80
6.6.5	Configuré à l'Essence divine 82

7 AU CENTRE ... 83

7.1 Du Poly-Amour en Dieu ... 83

7.1.1 De l'Étreinte Trinitaire ... 83
7.1.2 L'être humain Oint en Dieu ... 83
7.1.3 De l'Essence divine ... 83
7.1.4 Le Chant d'Amour dans le Poly-Amour ... 84
7.1.5 Trio et Quatuor en Dieu ... 84
7.1.6 L'expérience sensorielle de l'être humain dans le Poly-Amour ... 84
7.1.7 Passivité/Activité ... 86

7.2 Relations en Dieu ... 87

7.2.1 Mystères du Poly-Amour ... 87
7.2.2 Mystères de la Sainte Famille ... 88
7.2.3 Synchronie et Diachronie ... 88

7.3 La Participation à la Vie Trinitaire ... 90

7.3.1 Recevoir son Nom de Dieu ... 90
7.3.2 L'Aperception de la Vie Trinitaire ... 90
7.3.3 Aspiré en Dieu ... 91
7.3.4 Se Recevoir du Père ... 91
7.3.5 Médiation Trinitaire ... 91
7.3.6 Initiatives de l'être humain en Dieu ... 92

7.4 La Participation de la Nature divine ... 93

7.4.1 Nescience de l'Homme Vide et nu ... 93
7.4.2 L'Homme Vide et nu peut Prendre les Positions Trinitaires ... 93

7.5 Poésie ... 94

7.5.1 Le Vin d'Amour ... 95
7.5.2 Les Trois sont Exigeant ... 96
7.5.3 La sorte de Myrrhe liquide ... 96
7.5.4 La Rosée d'Amour ... 97
7.5.5 Intimité avec les Trois ... 98

- 7.5.6 Père et Fils ... 100
- 7.5.7 Esprit et Fils ... 100
- 7.5.8 Père et Esprit ... 100
- 7.5.9 Père, Fils, Esprit ... 101

7.6 Adorer ... **102**

7.7 Fleurir en Dieu ... **103**

- 7.7.1 Le Full Access ... 103
  - 7.7.1.1 L'Echelle de Jacob ... 103
  - 7.7.1.2 Multidimensionnalité ... 103
- 7.7.2 Un double mouvement ... 105
  - 7.7.2.1 Envahissement de l'être humain par Dieu ... 105
  - 7.7.2.2 Envahissement de Dieu par l'être humain ... 106
  - 7.7.2.3 Anthróposation ... 106
  - 7.7.2.4 Christification ... 107
  - 7.7.2.5 Ecclésiation ... 107
  - 7.7.2.6 Trinitarisation ... 107
- 7.7.3 Développement en Dieu de la Personne Humaine ... 108
  - 7.7.3.1 Le Creuset de l'Étreinte des Trois ... 108
  - 7.7.3.2 La Grâce ... 108
  - 7.7.3.3 Le Je ... 108
  - 7.7.3.4 L'amour de soi ... 108
  - 7.7.3.5 L'Homme, un Vivant en Dieu ... 108
  - 7.7.3.6 Vivre dans le We-space ... 110
  - 7.7.3.7 Dieu donne la Force ... 110
  - 7.7.3.8 La Croix ... 111
  - 7.7.3.9 Jésus en Pleurs ... 111
  - 7.7.3.10 De Degrés en Degrés ... 111
  - 7.7.3.11 Jusqu'au dernier sou ... 112
  - 7.7.3.12 La Sequela Christi ... 113
  - 7.7.3.13 Mutualité ... 113

7.7.3.14	Colorations	114
7.7.3.15	L'être humain, Jumeau de Jésus	114
7.7.3.16	La Relation de Marie et de Jésus	114
7.7.3.17	La Vérité de l'humain	115
7.7.3.18	L'Imprévisibilité	115
7.7.4	L'Action en Dieu	116
7.7.5	L'être humain comme Arbre de Vie	117
7.7.5.1	Les Arbres de Vie dans l'Apocalypse	117
7.7.5.2	La Sève de l'Arbre de Vie	117
7.7.5.3	La Vigne	117
7.7.6	Divinisation	118
7.7.6.1	Une conscience et un cœur renouvelés	118
7.7.6.2	Sensorialité	118
7.7.6.3	Structure divinisée de la psyché humaine	118
7.7.6.4	Inquiry	119
7.7.6.5	Le Dieu-Événement	119
7.7.6.6	Le Royaume-Événement	121
7.7.6.7	Niveau META	122
7.7.6.8	La Transformation du Corps	122
7.7.6.9	La Kénose	123
7.7.6.10	La Dénudation	124
7.7.6.11	La Blessure	124
7.7.6.12	Theosis	124
7.7.6.13	L'être humain en Dieu est Amour	124

8 POEMES 125

8.1 HARMONIE II 125
8.2 INTERMITTENCES 127
8.3 CAVALIERS 128
8.4 POÈME GREC 129
8.5 TEMPS ACHEVES 130

9 ULTISSIMA VERBA 133

9.1 Ultissima verba : Christ 133
9.2 Ultissima verba : Nescience 133
9.3 Ultissima verba : Amour 134
9.4 Ultissima verba : Fils 134
9.5 Ultissima verba : la « Vision » de l'Essence divine 134
9.6 Ultissima verba : l'Etreinte 134
9.7 Ultissima verba : Buisson Ardent 135
9.8 Ultissima verba : une Vie Paradoxale 135
9.9 Ultissima verba : le We-space 135
9.10 Ultissima Verba : le Jugement Dernier 135
9.11 Ultimes paroles 136

10 GLOSSAIRE 137

1 FOLIE DE L'ÊTRE HUMAIN

L'être humain a compagnonné avec Dieu : ils ont appris à se connaître.

L'être humain **connaît** maintenant les Promesses de Dieu et **sait** que Dieu veut Se Donner Totalement à lui.

Alors, l'être humain peut décider de faire une Confiance absolue à Dieu en ce qui concerne sa vie et l'avenir du monde.

Certes, cette décision excède l'être humain - c'est un Don de Dieu : c'est quelque part une folie de l'être humain, **une folie d'Amour**, mais elle se révélera en fait être, pour lui, une Sagesse divine.

1.1 La Foi et l'Espérance

L'être humain connaît les Promesses de Dieu et sait que Dieu veut se donner Totalement à Lui.

Non seulement, l'être humain a Foi et Espérance dans les Promesses et l'Intention de Dieu de Se Donner, mais il a conscience qu'il les vit déjà [par Don de Dieu] dans le Maintenant.

L'être humain vit même **pleinement** le Don et les Promesses dans la **Nescience**...

1.2 L'Amour

L'être humain montre beaucoup d'Amour en vivant dans la Foi et l'Espérance face au Don et aux Promesses de Dieu : en fait, le Don et les Promesses sont vécues pleinement, mais dans la Nescience.

Mais Dieu appelle l'être humain encore plus loin. Il veut le faire vivre dans la Clarté de l'Amour :

- *« l'Amour seul joint et unit l'âme à Dieu »* (Jean de la Croix, NO 2.18.5) ;
- *la Foi et l'Espérance ne sont que des moyens prochains de l'union à Dieu : cf. Jean de la Croix.*

L'être humain s'est déjà ouvert, par Don de Dieu, à l'Amour dans la Foi et l'Espérance. Maintenant, il va se donner toujours plus à Dieu dans l'Amour... à Dieu qui (veut) Se Donne(r) Totalement à lui.

1.3 Acter l'Amour

L'Amour est un Acte :

Dieu Acte l'Amour :

« *Voici comment Dieu a manifesté son amour parmi nous : Dieu a envoyé Son Fils Unique dans le monde pour que nous vivions par lui.* » *(1 Jn 4, 9).*

L'être humain Aime :

- « *Nous aimons parce que Dieu lui-même nous a aimés le premier.* » *(1 Jn 4, 19)* ;
- « *Et voici le commandement que nous avons reçu de lui : celui qui aime Dieu, qu'il aime aussi son frère.* » *(1 Jn 4, 21)* ;
- « *Mettez en pratique la parole.* » *[**1**] (Jc 1, 22)* ;
- « *Jésus reprit donc la parole. Il leur déclarait :* « *Amen, amen, je vous le dis : le Fils ne peut rien faire de lui-même, il fait seulement ce qu'il voit faire par le Père ; ce que fait celui-ci, le Fils le fait pareillement. Car le Père aime le Fils et lui montre tout ce qu'il fait. Il lui montrera des œuvres encore plus grandes, si bien que vous serez dans l'étonnement.* » *(Jn 5, 19-20).*

Ici, Dieu qui est Amour (veut) se Donne(r) Lui-même à l'être humain : quand l'être humain s'ouvre à ce Don, il aime Dieu et redonne Dieu à Dieu [2].

[1] « *Si vous savez cela, vous êtes heureux, pourvu que vous le mettiez en pratique.* » *(Jn 13, 17).*

[2] ici, l'être humain Participe à la Vie Trinitaire.

1.4 S'ouvrir de plus en plus à l'Amour

Dieu Appelle constamment l'être humain.

L'être humain peut Répondre et s'Offrir à Dieu et cette Offrande est elle-même Réception de Dieu, du Don de Dieu...

Dans les Appels successifs de Dieu à l'Amour, cette Offrande ira s'approfondissant et deviendra Oblation : ici, l'être humain grandit dans l'Amour en allant de degrés en degrés d'Amour.

Alors, l'être humain s'Ouvre de plus en plus à l'Amour... pour aller vers l'Inconnu de Dieu...

1.5 Les trois Cœurs

« Pour aimer Dieu comme il convient, il faudrait avoir trois cœurs en un seul » Benoît-Joseph Labre [1748-1783].

1.6 L'Étrangeté

Pour l'être humain, se donner à Dieu :

- dans la Foi, par Don de Dieu, est un Don étrange ;
- dans l'Espérance, par Don de Dieu, est un Don étrange ;
- dans l'Amour, par Don de Dieu, est un Don plus étrange encore.

Dieu Lui aussi Se Donne Totalement à l'être humain en un Don étrange.

Plus nous nous donnons à Dieu, plus Dieu Se Donne à nous...

2 METAPHORES

2.1 La métaphore du jardin

L'être humain est comme un **jardin clo**s pour son Dieu Bien-Aimé.

L'être humain, dans son Voyage vers/en Dieu, cultive son jardin :
- il arrache les mauvaises herbes, plante, sarcle et bine ;
- arrose et laisse le temps à la récolte de pousser.

Bien avant la récolte, le jardin est embaumé par les effluves des fleurs et des aromates... tandis que la brise de l'Esprit apporte, de l'extérieur, dans le jardin les effluves du Jardin du Bien-Aimé.

Et Dieu, le Bien-Aimé, récolte les fruits exquis du jardin au temps venu et les consomme (ainsi que les propres Fruits de Son Jardin) en compagnie de l'être humain...

2.2 La métaphore de la montagne

La question des étapes dans le développement spirituel a intéressé les auteurs et les mystiques de tous les temps.

Dès le IVe siècle, des auteurs spirituels commencèrent à se soucier de décrire les principaux stades de la vie spirituelle.

Un des modèles classiques de la vie spirituelle est défini comme un processus vécu en trois étapes majeures qui furent nommées : la voie purgative, la voie illuminative et la voie unitive.

Gravir la **Montagne** qu'est Dieu, c'est ainsi classiquement, trois étapes :

- la voie purgative : un exercice ascétique par l'effort personnel, les lectures... ;

- la voie illuminative : le surgissement de la présence de Dieu, de ses grâces de présence et aussi de son absence sensible qui laisse l'être humain dans la nuit ;

- la voie unitive : l'entrée dans (puis le parcours de) l'union avec Dieu par Amour.

3 UNITE SPONSALE

Ici, il faut mettre en garde contre un danger qui nous guette face à l'analogie sponsale de l'Unité avec Dieu :

- une interprétation minimaliste, souvent motivée par un refus du corps, qui conduit à ramener cette analogie au niveau de la parabole, en l'assimilant par exemple au niveau de l'image du berger et de ses brebis.

L'analogie sponsale est imparfaite - comme toute analogie - mais Jean-Paul II affirme que cette analogie est la moins imparfaite des analogies [la Bible utilise nombre de métaphores pour décrire la relation de Dieu avec l'humanité : le Père et ses enfants, le maître et ses serviteurs, le berger et son troupeau, la vigneron et la vigne...].

L'analogie sponsale trouve toutefois une résonance particulière : celle de la relation amoureuse, du Fiancé et de la Fiancée, celle de l'Époux et de l'Épouse.

« La symbolique nuptiale exprime l'attirance irrésistible du « je » divin envers ce « tu » humain qui porte en lui ce désir de l'étreinte, et dont l'icône créée est la relation conjugale, mais dont la Source réside dans la Trinité, puis dans la relation sponsale qui unit Dieu et sa créature, dans et par le Christ » [1].

[1] John Cannon, « Voici l'Époux ! », Anne Sigier, 2005, p. 319.

3.1 Une bonne compréhension de l'analogie sponsale

L'analogie sponsale met en rapport le Mystère de l'Union avec Dieu par Amour et le Mariage des Époux.

La recherche menée ici emprunte, en partie, ses symboles au langage humain de la sexualité dont l'Union des Époux. Naturellement, ce n'est qu'une recherche, que des hypothèses, des pistes de travail... N'hésitez pas à me faire part de vos remarques !

S'inaugure ici un voyage passionnant mais exigeant !

3.1.1 Dieu veut nous épouser

Les Écritures toutes entières racontent l'histoire d'un mariage : elles s'ouvrent sur la création de l'homme et de la femme et sur leur appel à être 'une chair'.

Dans l'Ancien Testament, les prophètes parlent de l'amour de Dieu comme celui du mari pour sa femme. Le Cantique des Cantiques, poème érotique situé exactement au milieu de la Bible, a donné à de nombreux mystiques les mots pour décrire leur relation au Christ.

Le Christ incarne réellement dans les Évangiles l'amour divin, devenant 'une chair' avec l'humanité et donnant son corps. Enfin, la Bible s'achève sur la vision des *« noces de l'Agneau » (Ap 19, 7. 9)*. En respectant notre liberté, le Fiancé céleste s'offre et attend notre fiat, notre *« oui »* libre à son invitation. Ce don de soi n'est pas une spéculation conceptuelle : il est juste ici, inscrit dans nos corps !

Où le mariage avec le Christ sera t-il consommé ? Dans le Royaume des Cieux, mais il est déjà accessible aujourd'hui, sacramentellement, dans l'Eucharistie. Jean-Paul II développe :

Nous nous trouvons au centre même du mystère pascal qui révèle pleinement l'amour sponsal de Dieu. Le Christ est l'Epoux parce qu'« il s'est livré lui-même » [...] C'est ainsi qu'il « aima jusqu'à la fin » (Jn 13, 1). L'Eucharistie est le sacrement [...] de l'Epoux, de l'Epouse. [...] Tout cela est dit dans la Lettre aux Ephésiens. Dans le « grand mystère » du Christ et de l'Eglise se trouve introduite l'éternelle « unité des deux » constituée dès le « commencement » entre l'homme et la femme. [...] le Christ, en instituant l'Eucharistie [...] voulait de cette façon exprimer la relation entre l'homme et la femme, entre ce qui est « féminin » et ce qui est « masculin », voulue par Dieu tant dans le mystère de la Création que dans celui de la Rédemption.

Méditons un instant sur cette réflexion : selon Jean-Paul II, l'Eucharistie nous révèle le sens profond de notre sexualité. Dans l'Eucharistie, le Christ se révèle aux hommes et fait résonner clairement son appel ; réciproquement, une fois nos distorsions dues au péché enlevées, c'est dans la sexualité que nous découvrons et que nous est signifié le sens de l'Eucharistie. Le lien se trouve dans cette parole du Christ, que chacun, mais plus encore les couples, est appelé à méditer et vivre : *« ceci est mon corps, livré/donné pour vous/toi »*.

L'influence de Saint Jean de la Croix

Le carmélite espagnol, nommé Docteur de l'Église lorsque Karol Wojtila avait 6 ans, croyait que le christianisme était par nature une « demande en mariage spirituel » de Dieu. Ce mariage implique, selon Saint Jean de la Croix :

« une transformation totale dans le Bien-aimé : les deux parties s'y livrent l'une à l'autre en totale possession l'une de l'autre, avec une certaine consommation de l'union d'amour, qui fait l'âme divine et Dieu par participation.. Cet état est le plus haut qu'on puisse atteindre en cette vie. [Comme dans la consommation charnelle où les deux ne font plus qu'un,] une fois le mariage spirituel consommé entre Dieu et l'âme, il y a deux natures fondues dans un même esprit et un même amour... »

Le saint continue en affirmant qu'ultimement, le plan de Dieu est que chacun puisse dire à la suite du Christ *« tout ce qui est à moi est à toi et tout ce qui est à toi est à moi »*. Ici se joue le lien entre l'image des Époux et l'image du Père et du Fils.

Cette participation à l'échange intime de la Trinité n'est pas un concept théologique, mais une réalité à vivre. Et nul besoin d'être théologien pour cela, nous dit Jean-Paul II !

Cette connaissance intime et 'savoureuse' que nous appelons expérience de Dieu [...] va beaucoup plus loin que la réflexion théologique ou philosophique. Et beaucoup d'âmes simples et modestes la reçoivent de Dieu par l'action de l'Esprit.

Heureux les simples d'esprit ! Ils peuvent vivre cette réalité du don de l'amour sans s'encombrer de théologie, et être touchés directement dans leur cœur. Le Catéchisme le dit :

« Le cœur est la demeure où je suis, où j'habite (selon l'expression sémitique ou biblique : où je " descends "). Il est notre centre caché, insaisissable par notre raison et par autrui ; seul l'Esprit de Dieu peut le sonder et le connaître. »

3.1.2 L'Étreinte des Époux

Les derniers Papes, loin de sous-estimer la beauté de la sexualité, l'ont valorisé maintes fois dans leurs enseignements. Le Pape Jean-Paul II est même allé jusqu'à affirmer que la sexualité est un acte *« hautement religieux »* puisqu'il reflète la relation d'amour du Dieu trinitaire et participe à l'acte créateur de Dieu. (Evangelium Vitae § 43)

Jean-Paul II affirme sans complexe que la sexualité est un chemin privilégié pour comprendre le mystère de l'être intime de Dieu à travers le don absolu de soi-même.

La Théologie du Corps de Jean-Paul II et l'encyclique *« Deus Caritas Est »* sont spécialement dédiées à l'enseignement catholique sur la sexualité et montrent que le don de soi dans le couple est un lieu de participation à l'Amour Trinitaire. L'Église catholique enseigne que le rapport sexuel chaste entre époux est un acte d'adoration. La doctrine catholique établit un lien entre le rapport sexuel chaste des époux et l'adoration eucharistique. [1]

Le Pape Jean-Paul a prononcé cette phrase, à savoir : *si nous sommes époux et épouse dans la signification sponsale du corps, c'est cela qui fait que nous sommes image ressemblance de Dieu dans une analogie ontologique plus parfaite que l'analogie classique qui disait : nous sommes contemplation, amour et liberté du Don unifiant la lumière et l'amour dans cette unique contemplation amoureuse.*

(d'après la théologie du corps de Jean-Paul II)

Dans ces conditions, on peut avancer que l'Étreinte des Époux refléchit l'Étreinte Trinitaire et aussi l'Étreinte de l'être humain racheté et du Christ.

[1] source Wikipédia.

3.2 L'Étreinte

En tant que Fils, l'être humain vit une Étreinte de Feu dans la Trinité [1] [2].

L'être humain racheté vit aussi l'éternelle Étreinte avec le Christ [beaucoup (la majorité ?) n'en ont pas conscience] : ici, chaque instant a la Qualité de l'Étreinte.

Ecoutons ici une parole adressée à Marie de la Trinité : *« Comprends qu'entre toi et Moi, et Moi et toi, c'est un unique amour, une identique Étreinte... Accepte de t'être à scandale et de m'être à gloire » (28/07/1942).*

Ces Étreintes emmènent l'être humain dans la Béatitude (la Fruition), l'Ivresse et le Plaisir Absolu. Elles ont la caractéristique d'une Union (Communion & Communication) non-duelle qui respecte l'Altérité.

L'Étreinte de Feu dans la Trinité et l'Étreinte avec le Christ sont de l'ordre du Secret du Roi : *« Il convient de garder le secret du roi, tandis qu'il convient de révéler et de publier les œuvres de Dieu » (Tb 12, 7).*

Le Fruit de l'Étreinte pour l'être humain est que sa connaissance de lui-même va vers de plus en plus de Vérité et de Profondeur et qu'ici l'être humain se transforme de plus en plus en Christ.

[1] cf. « La Trinité : l'Étreinte de Feu : l'icône d'Andreï Roublev », Daniel-Ange, Fayard, 2000.

[2] le Fils ne connaît pas directement l'Étreinte entre le Père et l'Esprit, Il y accède indirectement avec pudeur dans la Périchorèse.

3.2.1 Le Contact

L'être humain a conjuré son Bien-Aimé de se découvrir à lui dans Sa Beauté : Dieu a acquiescé à son Désir et Se Donne à l'être humain.

Le Dieu nu fait frissonner de Bonheur et de Désir. Il éveille le moindre de nos sens, Sa Beauté étant une véritable Brûlure...

Le Contact [1] avec Dieu et l'Essence divine [2] est une Blessure et une Brûlure Suave et Suprême...

Ici, Dieu lui-même est Blessé et Brûlé par ce Contact.

```
De sa main si douce, il m'a prise
Au cou je sentis la blessure
```

Mes sens en furent suspendus.

Je restai là, je m'oubliai,

Le visage penché sur lui,

Tout disparut, je me livrai,

J'abandonnai tous mes soucis,

Les oubliant parmi les lis.

(Jean de la Croix, poème « En una noche oscura » 8-9)

[1] ce Contact est « *substantiel* » selon l'expression de Jean de la Croix.

[2] le Contact de l'être humain avec l'Essence divine est situé « *au niveau de la syndérèse* » ("pointe du cœur", "*fine pointe de l'âme*") et il produit une « *communication de l'esprit humain et de l'Esprit divin* » : c'est un contact dans la Nuit.

3.2.2 <u>Étreinte avec le Christ</u>

Dans l'Étreinte avec le Christ, l'être humain contemple le Christ dans Sa Vérité, dans Son Innocence, dans la Nudité de Son Être, dans Son Humanité et réciproquement pour Jésus :

- chacun dit à l'autre « *Te Voir ainsi me suffit* ».

Ici, l'être humain vit dans le Christ et le Christ vit dans l'être humain, l'être humain et le Christ sont en périchorèse : l'être humain est ici avec son Bien-Aimé Jésus qui est là en lui, qui affleure en lui, qui se manifeste en lui, un autre avec qui il ne fait qu'une seule chair [1] - et réciproquement pour son Jésus.

L'Étreinte est alors comme « *deux flammes unies en une seule* ».

L'Étreinte avec le Christ introduit l'être humain en Jésus, le Fils, dans la Communion et la Communication Trinitaire :

- « Jésus est le Chemin vers le Père ».

« Jésus lui dit : Je suis le chemin, la vérité, et la vie. Nul ne vient au Père que par moi » (Jn 14, 6)

[1] cette union est vécue dans la mêmeté des deux corps pour un corps masculin habité par Jésus, ce qui est vraisemblement différent pour un corps féminin habité par Jésus.

3.2.3 <u>Étreinte avec le Père</u>

Dans l'Étreinte avec le Père, l'être humain contemple le Père dans Sa Vérité, dans la Nudité de Son Être et réciproquement pour le Père :

• chacun dit à l'autre *« Te Voir ainsi me suffit »*.

Ici, l'être humain vit dans le Père et le Père vit dans l'être humain, le Père et l'être humain sont en périchorèse : ici, **l'être humain est vu comme Fils par le Père**.

L'Étreinte est comme « deux flammes unies en une seule » et « l'être humain est Un avec le Père » : *« Moi et le Père nous sommes un » (Jn 10, 30)*.

Dans Son Étreinte avec le Fils, le Père S'Imprime sur le Fils : *« Il est l'Image du Dieu invisible, Premier-Né de toute créature » (Col 1, 15)*.

3.2.4 <u>Étreinte avec l'Esprit</u>

Dans l'Étreinte avec l'Esprit, l'être humain contemple l'Esprit dans Sa Vérité, dans la Nudité de Son Être et réciproquement pour l'Esprit :

• chacun dit à l'autre *« Te Voir ainsi me suffit »*.

Ici, l'être humain vit dans l'Esprit et l'Esprit vit dans l'être humain, l'Esprit et l'être humain sont en périchorèse : ici, **l'être humain est vu comme Fils par l'Esprit**.

L'Étreinte est comme « deux flammes unies en une seule » : *« l'Esprit saint en personne, se joint à notre esprit pour attester que nous sommes enfants de Dieu » (Rm 8, 16)*.

De fait, ici, l'Esprit Saint nous *« virginise »* et nous pouvons nous rappeler de ces paroles d'Elisabeth de la Trinité : *« Demeurons en son Amour, qu'Il virginise, qu'Il imprime en nous sa divine beauté. »*.

3.2.5 <u>Étreinte Trinitaire</u>

L'Étreinte Trinitaire est comme un Mélange de Trois Fluides en Mouvement, une Interpénétration de Trois Notes Résonnantes.

L'Étreinte Trinitaire est le modèle de la Communion des saints.

L'être humain lorsqu'il est Liquéfié en Dieu Participe à l'Étreinte Trinitaire.

3.3 Le Bien-Aimé

Pour Rûmi, l'être humain qui est *« l'amoureux n'est qu'un reflet intime et éphémère de la Lumière du Bien-Aimé divin »*. Un autre soufi dit : *« Le soufisme est la réalité de la religion. Par cela, je veux dire, faire l'expérience de Dieu, à l'intérieur de soi-même, se soumettre à Lui et L'aimer avec son esprit, son cœur et son âme, jusqu'à ce qu'il ne reste que le Bien-Aimé »*. À travers ces apologues, on aperçoit toute la subtilité de la doctrine des soufis.

Cette introduction permet de voir que la Réalité Ultime (qui est Dieu ayant introduit le monde en Lui) [1] n'est pas une réalité froide.

Dans la Bible, St Jean nous dit que Dieu nous a aimés le premier et le premier commandement nous demande d'aimer Dieu : la relation à la Réalité Ultime qui est Dieu est donc bien une affaire d'Amour. C'est Dieu, la Réalité Ultime, en fait, qui est le Bien-Aimé et, particulièrement, le Christ.

La Réalité Ultime est le Bien-Aimé.

L'accès au Bien-Aimé n'est pas d'abord du domaine de la connaissance ou de l'intellection (comme recherche de la Vérité, par exemple).

Le Bien-Aimé est, d'abord, contemplé dans ce qui nous entoure : ici, le Bien-Aimé est expérimenté et célébré par les sens corporels et spirituels.

Le Bien-Aimé est aussi ressenti et accédé directement (sans intermédiaire) au travers de la vie de notre corps. Comme notre être est habité par le Bien-Aimé, Sa Présence est ressentie dans notre être même.

Comme le monde est devenu le Corps du Christ, tout autour de nous reflète le Bien-Aimé et, nous-mêmes, nous reflétons le Bien-Aimé et nous le rencontrons dans notre corps et dans notre être :

« Je suis à mon Bien-Aimé et mon Bien-Aimé est à moi » (Ct 6, 3)

« Je suis la boucle d'oreille et le Bien-Aimé en est l'or » (Sililia)

[1] ici, le Christ est ici le seul Médiateur pour l'être humain, la Porte d'entrée en Dieu, dans la Réalité Ultime.

3.3.1 La Beauté du Bien-Aimé

De nombreuses traditions spirituelles et religieuses ont célébré le Bien-Aimé et Sa Beauté. Le soufisme, d'une façon générale, met l'accent sur l'aspect *« Beauté »* de la Réalité ultime. Selon Ibn'Arabi, Dieu aime la beauté des formes parce que la forme reflète la Beauté de Dieu. Une tradition prophétique dit : *« Dieu est Beau, et Il aime ce qui est Beauté. »*. La beauté apparaît ici comme la raison suffisante de l'amour.

Pour les soufis, être soufi signifie d'abord vivre dans la Beauté, la Beauté de Dieu. Là où le cœur du soufi se tourne, là, il voit la Beauté du Bien-aimé invisible à l'œil ordinaire. Pour lui, le monde entier est rempli avec Sa Beauté, qui est perceptible seulement aux yeux d'un cœur aimant.

Jean de la Croix distingue les traces du Bien-Aimé et de Sa Beauté dans la Création partout où il se tourne. D'autres mystiques ont vécu cette même réalité :

« *Voyant les traces du Bien-Aimé dans le vent qui souffle, la pluie qui tombe, le ruisseau qui murmure, la forêt qui bourdonne, le matin qui se lève et la nuit qui s'assombrit, l'amoureux se remplit de vie. Voyant la Beauté du Bien-Aimé reflétée dans toute chose, l'amoureux devient exubérant. Sentant le souffle du Bien-Aimé dans chaque brise, l'amoureux devient joyeux.* » (Fethullah Gülen).

Le Bien-Aimé est, en fait, rencontré, essentiellement, en étant goûté et expérimenté dans une jouissance corporelle, sensorielle et spirituelle où la vue, l'ouïe, l'odorat, le toucher et le goût ont toute leur place. Ce festival des sens de la Bien-Aimée et du Bien-Aimé dans leur face à face et leur jeu traverse tout le Cantique des Cantiques :

Ct 1, 2a : **Qu'il me baise des baisers de sa bouche.**

Ct 1, 2b : **Tes amours sont plus délicieuses que le vin.**

Ct 1, 3 : **L'arôme de tes parfums est exquis ; ton nom est une huile qui s'épanche, c'est pourquoi les jeunes filles t'aiment.**

Ct 1, 13-14 : **Mon bien-aimé est un sachet de myrrhe, qui repose entre mes seins. Mon bien-aimé est une grappe de cypre, dans les vignes d'En-Gaddi.**

Ct 1, 16 : **Que tu es beau, mon bien-aimé, combien délicieux ! Notre lit n'est que verdure.**

Ct 2, 3 : **Comme le pommier parmi les arbres d'un verger, ainsi mon bien-aimé parmi les jeunes hommes. A son ombre désirée je me suis assise, et son fruit est doux à mon palais,**

Ct 2, 6 : **Son bras gauche est sous ma tête et sa droite m'étreint.**

Ct 2, 8 : **La voix de mon bien-aimé ! Voici qu'il arrive, sautant sur les montagnes, bondissant sur les collines.**

Ct 2, 9a : **Mon bien-aimé est semblable à une gazelle, à un jeune faon.**

Ct 2, 16 : **Mon bien-aimé est à moi, et moi à lui. Il paît son troupeau parmi les lis.**

Ct 3, 11 : Venez contempler, filles de Sion, le roi Salomon, avec le diadème dont sa mère l'a couronné au jour de ses épousailles, au jour de la joie de son cœur.

Ct 5, 10 : Mon bien-aimé est frais et vermeil, il se reconnaît entre dix mille.

Ct 5, 11-15a : Sa tête est d'or, et d'un or pur ; ses boucles sont des palmes, noires comme le corbeau. Ses yeux sont des colombes, au bord des cours d'eau se baignant dans le lait, posées au bord d'une vasque. Ses joues sont comme des parterres d'aromates, des massifs parfumés. Ses lèvres sont des lis ; elles distillent la myrrhe vierge. Ses mains sont des globes d'or, garnis de pierres de Tarsis. Son ventre est une masse d'ivoire, couverte de saphirs. Ses jambes sont des colonnes d'albâtre, posées sur des bases d'or pur.

Ct 5, 15b : Son aspect est celui du Liban, sans rival comme les cèdres.

Ct 5, 16a : Ses discours sont la suavité même, et tout en lui n'est que charme.

Ct 6, 3 : Je suis à mon bien-aimé, et mon bien-aimé est à moi ! Il paît son troupeau parmi les lis.

Ct 7, 11 : Je suis à mon bien-aimé, et vers moi se porte son désir.

Ct 8, 3 : Son bras gauche est sous ma tête, et sa droite m'étreint.

Ct 8, 5a : Qui est celle-ci qui monte du désert, appuyée sur son bien-aimé ?

Et le Bien-Aimé n'est pas de reste :

Ct 4, 9 : Tu me fais perdre le sens, ma sœur, ô fiancée, tu me fais perdre le sens par un seul de tes regards, par un anneau de ton collier !

...

Les mystiques vivent donc l'expérience de la Beauté du Bien-Aimé, parfois avec ivresse et extase. L'ivresse en amour se conjugue avec goût et exclusivité. La Beauté apparaît être ici un déclencheur de l'Amour : en retour, la Beauté du Bien-Aimé s'imprime sur la Bien-Aimée.

3.4 Le Cantique des Cantiques

Dans le Cantique des Cantiques, il est question de l'amour d'un homme et d'une femme qui renvoie métaphoriquement (et non allégoriquement) à l'histoire de la Bien-Aimée et du Bien-Aimé : Dieu étant le Bien-Aimé et la Bien-Aimée, suivant le cas où l'on se place, Israël, l'Église ou l'âme du croyant.

Pour des illustrations du Cantique des Cantiques, je vous invite à consulter le site David Boublil et le Cantique des Cantiques.

3.4.1 Introduction au Cantique des Cantiques

Les lectures du Cantique des cantiques

Une partie de la tradition juive voit dans le Cantique la célébration de l'Alliance entre Dieu et Son peuple, Israël. D'autres y voient un écrit pascal.

La tradition chrétienne y voit le mystère de l'union du Christ et de l'Église, Son Épouse. Elle y voit aussi la mise en scène de la relation de l'âme du croyant et de Dieu dans une dimension mystique.

L'heure n'est plus à la lecture allégorique qui souvent reste en surface du texte et est même parfois spécieuse.

L'allégorie utilise des figures en remplaçant, de façon parfois un peu lâche, une figure par une autre figure ou une expression d'idée, une abstraction par une histoire ou une image.

L'heure est plutôt à la lecture symbolique : le symbole étant vu comme une métaphore qui unit deux niveaux de réalité (le sens littéral et un sens profond et éventuellement mystique).

La métaphore est, en effet, une analogie entre deux réalités, mais qui conduit à un rapport non conventionnel de celles-ci.

Dans le Cantique, il est question de l'amour d'un homme et d'une femme qui renvoie symboliquement (et non allégoriquement) à l'histoire de la Bien-Aimée et du Bien-Aimé : Dieu étant le Bien-Aimé et la Bien-Aimée, suivant le cas où l'on se place, Israël, l'Église ou l'âme du croyant.

Mouvement du Cantique

Le début du Cantique déclare sans équivoque que la Bien-Aimée est devenue l'Épouse, qu'elle a accédé au mariage spirituel.

Alors, comment lire la suite du Cantique ?

- une anamnèse du chemin parcouru jusqu'au mariage spirituel ?
- la description de ce qui se vit dans et après le mariage spirituel ?

Beaucoup d'auteurs dont St Jean de La Croix, dans son Cantique Spirituel en particulier, ont choisi la première piste : une montée graduelle qui culmine dans le mariage spirituel.

Quant à nous, nous ferons nôtre la seconde piste. Là, le Cantique apparaît irremplaçable : en effet, il y a très peu d'écrits qui traitent de ce sujet, c'est-à-dire qui parlent aussi clairement du mariage spirituel et comment la vie continue après dans ce monde pour l'Épouse.

Non, il ne faut pas se décourager si nous n'en sommes pas là. L'Épouse vit simplement le Royaume de Dieu : elle nous invite à se mettre à sa suite - et donc à la suite de Jésus - et à vivre aussi le Royaume et du Royaume, car c'est la vocation de tout chrétien. Là, l'Épouse est mère et éducatrice, car elle nous donne les clés du Royaume et comment le vivre en plénitude !

Texte retenu

On a retenu le texte de la Bible de Jérusalem - adapté çà et là - et le découpage du texte qu'elle propose : un titre, un prologue, cinq poèmes, un épilogue et des appendices.

Un sens du Cantique des Cantiques

Le Cantique des Cantiques comprend donc sept parties si on ne compte pas les appendices : le prologue, les cinq poèmes et l'épilogue.

On peut voir dans ce découpage et cette composition une analogie avec les sept jours de la Création dans la Genèse. Ici, cependant, il ne s'agit pas de Création, mais de Re-Création : celle de la Bien-Aimée, de l'Épouse du Cantique des Cantiques par et au contact du Bien-Aimé lui-même. L'ancienne Création s'en est allée et l'on est en présence de la Création nouvelle qu'est devenue la Bien-Aimée.

Il est question de l'union entre la Bien-Aimée et le Bien-Aimé

Le Cantique des Cantique apparaît être un hologramme. Chacune de ses parties est à elle seule un résumé de tout le Cantique des Cantiques ; chacun des « jours » du Cantique est une modalité de l'union tandis que l'union est une et toujours nouvelle :

- Prologue : mariage spirituel ;
- Premier poème : initiation majeure au vin céleste et son prolongement dans le Sacrement ;
- Deuxième poème : naissance en Dieu ;
- Troisième poème : le lien entre l'Époux et l'Épouse est proclamé aux yeux de tous et est ensuite fêté dans un banquet à vocation universelle ;
- Quatrième poème : légère hésitation de la Bien-Aimée à ouvrir au Bien-Aimé qui l'amènera à savoir où paît son Bien-Aimé : dans son jardin ;

- Cinquième poème : la Bien-Aimée a vécu quelque chose d'important pour elle qui est resté obscur pour nous : c'est le Secret du Roi. Elle célèbre le temps de la Récolte ;
- Épilogue : la Bien-Aimée demande au Bien-Aimé de la poser comme un sceau sur Lui : ce geste symbolise l'union absolue.

Enfin, dans les appendices, la Bien-Aimée pose l'affirmation d'elle-même par trois fois face à ses frères, à Salomon et aussi au Bien-Aimé (inspiré de Jacques Gazeaux) : l'amour n'est pas fusion et ne conduit pas à la fusion.

Naturellement, on peut aussi faire cette lecture plus classique du Cantique des Cantiques si on le considère comme un chemin qui mène au mariage spirituel :

- *Prologue : entrée dans le Château de l'âme (le Château du Roi) ;*
- *Premier poème : rencontre eucharistique de Jésus et son prolongement dans le Sacrement ;*
- *Deuxième poème : nouvelle naissance ;*
- *Troisième poème : le lien d'amour entre Dieu et l'âme est proclamé aux yeux de tous et Dieu invite à Son Festin de fête ;*
- *Quatrième poème : heureuse hésitation de l'âme qui tarde à ouvrir à Dieu et qui sait ensuite que Dieu réside en elle-même ;*
- *Cinquième poème : l'âme accède au mariage spirituel : c'est le temps de la récolte ;*
- *Épilogue : l'âme demande à Dieu de la poser comme un sceau sur Lui : ce geste symbolise l'union absolue.*

3.4.2 <u>Commentaire du Titre et prologue</u>

<u>Méthode</u>

Le commentaire du Titre et prologue du Cantique présenté ici est effectué verset par verset (ou par groupe de versets) et se déploie suivant deux axes :

- un premier commentaire près du texte ou assez proche du texte du Cantique ;
- un second commentaire de nature mystique ou spirituelle dans un cadre chrétien. Ce commentaire est situé après le premier commentaire et est en *italique*.

<u>Ct 1, 1 : Le Cantique des cantiques, lequel est de Salomon.</u>

Cantique des Cantiques est un superlatif pour Chant des Chants ou Poème des Poèmes.

N'est-ce pas le Chant le plus beau que celui qui chante l'aspect suprême de l'amour, l'amour par excellence ! A l'image de Salomon, ce Chant est plein de Sagesse même s'il chante un amour fou.

L'âme dit que ce Cantique est attribué à Salomon, roi d'Israël. Elle y voit une figure de la royauté de son Dieu. Comme les psaumes, ce chant lui a été donné par son Dieu : c'est son chant à elle, le chant de son amour, le chant nouveau dont parle l'Apocalypse. Ici, la folie de l'amour s'exprime dans la Sagesse du dit.

Ct 1, 2a : Qu'il me baise des baisers de sa bouche.

Elle Le connaît déjà : c'est ce qui surgit dès le début du Poème.

Nous avons ici une indication : pour tirer un meilleur profit de la lecture du Cantiques des Cantiques, il faut avoir déjà une certaine connaissance de Dieu et de Sa Parole. Sinon on risque de passer à côté ou à tout le moins de ne pas en goûter véritablement le suc.

Ainsi donc, elle ne prend même pas la peine de Le présenter. Mais, ici, le contexte apparaît immédiatement : elle et Lui, la Bien-Aimée et le Bien-Aimé.

Le baiser est un moment d'intimité. Mais, la Bien-Aimée proclame sa requête et son désir : elle montre ainsi à tous qu'elle a été choisie, qu'elle a été élue par le Bien-Aimé. Le baiser est une façon de sceller l'amour et la Bien-Aimée le sait. Elle demande la proximité physique du Bien-Aimé et le contact des corps.

Cette demande de scellement de l'amour qui inaugure le Cantique des Cantiques est aussi celle de l'âme : se savoir élue par le Bien-Aimé et être digne de ses baisers.

Oui, l'âme qui cherche Dieu est toute énamourée. Elle est hors d'elle-même et cherche un moyen d'apaiser son désir : les baisers de son Bien-Aimé que sont ses touches et ses venues dans l'âme. Elle lui demande donc de venir en elle en un contact substantiel. Elle célèbre aussi le moment éternel de l'amour trinitaire qu'est le baiser du Père et du Fils dans l'Esprit et auquel elle pourra participer en tant que fils dans le Fils.

Ct 1, 2b : Tes amours sont plus délicieuses que le vin.

La Bien-Aimée a pu connaître la joie, la réjouissance que donne le vin et peut-être même une légère ivresse qui l'a transportée. Mais cela n'est rien à côté de l'amour que lui procure le Bien-Aimé. De tout ce qu'elle a pu connaître, la Bien-Aimée reconnaît que cela est surpassé par cet amour.

Pour l'âme, certes, il y a eu la Rédemption avec le sang versé qui est une œuvre admirable. Mais la divinisation qui en est le fruit a encore un goût meilleur pour l'âme : tes amours sont la donation des donations que Tu as scellée par ton sang. L'âme dit encore que le créé (et même le vin des faveurs spirituelles) n'est rien à côté de l'amour de son Dieu.

Ct 1, 3 : L'arôme de tes parfums est exquis ; ton nom est une huile qui s'épanche, c'est pourquoi les jeunes filles t'aiment.

La Bien-Aimée a parlé du vin surpassé par l'amour. Mais elle indique ici que l'huile parfumée est comparable à cet amour. Pourquoi ? Parce que le nom du Bien-Aimé est semblable à une huile qui est pleine de douceur et d'arôme. Et son parfum se diffuse et il fait la renommée du Bien-Aimé.

Au sens fort, le nom représente la personne elle-même : il n'est pas qu'un son, une dénomination. La Bien-Aimée compare ce nom à une huile parfumée qui jaillit : le Bien-Aimé est comme un huile qui oint, parfume et pénètre la peau de la Bien-Aimée.

Avec un parfum aussi exquis, il n'est pas étonnant dès lors que tous viennent attirés par le parfum du Bien-Aimé.

L'âme voit ici l'action de l'Esprit dans l'huile et Sa présence qui pointe vers le Nom de Dieu. L'Esprit est ainsi une huile qui jaillit de Dieu et qui a une bonne odeur celle de la Sainteté, bonne odeur qui se communique à la Bien-Aimée. Ainsi, dans son amour du Bien-Aimé, la Bien-Aimée rencontre aussi l'Esprit. L'âme dit aussi que le Bien qu'est Dieu se diffuse et s'épanche et qu'Il se révèle et se fait connaître.

C'est inévitable, les parfums de Dieu attirent l'âme et toutes ses compagnes : Dieu a su se faire irrésistible. La Bien-Aimée est certes choisie, mais elle a une multitude de sœurs : l'amour de Dieu est offert à tous.

Ct 1, 4 : Entraîne-moi sur tes pas, courons ! Le roi m'a introduite en ses appartements ; tu seras notre joie et notre allégresse. Nous célébrerons tes amours plus que le vin ; comme on a raison de t'aimer !

Ce verset comme nous allons le voir résume à lui seul tout le Cantique.

« **Entraîne-moi sur tes pas !** » : le désir de la Bien-Aimée est de se mettre en marche vers Le Bien-Aimé. Mais elle ne le peut pas par ses propres forces si elle n'était précédée par le Bien-Aimé, lui-même, qui l'entraîne. Alors la Bien-Aimée va pouvoir mettre ses pas dans les pas du Bien-Aimé qui lui fraye la route.

« **Courons !** » : La Bien-Aimée se hâte et déclare son désir de rejoindre le Bien-Aimé, elle interpelle peut-être même ses compagnes. Elle court enfin avec le Bien-Aimé, lui-même, vers le but qu'Il lui propose : le couronnement de son amour. La course, la quête sont commencées et se déploieront dans la suite du Cantique.

« **Le roi m'a introduite en ses appartements** » : ici, la Bien-Aimée est arrivée au but : elle est introduite dans les appartements du Roi, Il fait accéder à son domaine privé. L'amour de la Bien-Aimée est couronné : elle est arrivée au mariage, elle vit le mariage !

« **tu seras notre joie et notre allégresse** » : c'est le Bien-Aimé qui parle : Il partage Sa joie avec Ses amis et Ses compagnons, la joie d'avoir maintenant une Épouse qui Le comble et en laquelle Il trouve tous Ses délices.

« **Nous célébrerons tes amours plus que le vin ; comme on a raison de t'aimer !** » : ce verset reprend les versets Ct 1,2b et Ct 1,3c. La Bien-Aimée à son tour parle : c'est le temps de la consommation de l'amour, de la célébration de l'amour et du mariage. Ici, tous sont appelés à vivre cet amour.

L'âme sent ses limites pour aller vers l'Infini de l'amour. Elle demande à Dieu de l'introduire dans la passivité afin qu'elle puisse marcher à la suite de Jésus, son Bien-Aimé, et L'atteindre. L'âme est empressée, elle court, elle veut voler vers le Bien-Aimé. Elle sait que ne lui sera pas refusée l'entrée dans le cœur de Dieu. Alors, Dieu l'introduit dans ses appartements.

Comment ne pas penser ici aux Demeures de Thérèse d'Avila où Dieu aide l'âme à progresser dans le Château de l'âme de demeure en demeure jusqu'à la chambre secrète où se réalise l'union par amour. Là, au cœur du Château de l'âme, dans la dernière demeure, l'âme fait la joie et les délices de son Dieu. Et, là, Dieu lui-même, comme le proclame l'âme, fait la joie et les délices de l'âme en toute réciprocité. La joie de l'âme, c'est aussi, comme elle le souligne, qu'elle n'est pas la seule à faire cette expérience de l'amour (il y a d'autres « je » pour un même « Tu divin ») : l'amour est communion, l'âme y participe et tous le peuvent aussi.

3.5 Mêlés à Dieu

Dans l'Union sponsale, nous sommes mêlés à Dieu, corps/cœur/âme/conscience/esprit :

- le corps éprouve Dieu et fait Un avec Dieu dans sa sensorialité : l'être humain goûte ici Dieu ;
- le cœur [1] est dans l'Union des Volontés (humaine et divine) : ici la sexualité, les pensées et les émotions sont purifiées ;
- le Soi humain (l'être humain dans son unité) est Un avec le Soi divin dans l'Union transformante ;
- la conscience est Une avec l'Esprit de Dieu ;
- l'esprit, partie de l'âme très proche de la *« Fine Pointe de l'âme »*, vit une Béatitude Ineffable [qui peut se réfracter dans la conscience] ;
- l'Étreinte est vécue de façon permanente dans un Unique Acte d'Amour.

Cette expérience d'Union paradoxale a été décrite par saint Jean de la Croix :

« *Pour arriver à goûter tout, veillez à n'avoir goût pour rien ;*

Pour arriver à savoir tout, veillez à ne rien savoir de rien ;

Pour arriver à posséder tout, veillez à ne posséder quoi que ce soit de rien ;

Pour arriver à être tout, veillez à n'être rien, en rien.

Alors :

Pour arriver à ce que vous ne goûtez pas,

vous devez passer par ce que vous ne goûtez pas ;

Pour arriver à ce que vous ne savez pas,

vous devez passer par où vous ne savez pas ;

Pour arriver à ce que vous ne possédez pas,

vous devez passer par où vous ne possédez pas ;

Pour arriver à ce que vous n'êtes pas,

vous devez passer par ce que vous n'êtes pas. »

[1] le cœur est la partie profonde de l'être humain qui est à l'interface avec Dieu.

3.5.1 Le goûter

« Le goûter de Dieu est une Immersion dans l'Essence divine qui se fait tout en étant éveillé et dans un repos de l'être.

La chair ressent un doux feu, un pétillement et le plaisir « absolu » **(la fruition)** *d'une incarnation vécue en Dieu. C'est une véritable perception de Dieu dans l'intériorité et aussi l'extériorité de l'être. »*

3.5.2 L'Union des Volontés

Dans l'Union des Volontés, l'être humain veut ce que veut Dieu ou veut vouloir ce que veut Dieu.

Ici, l'être humain est Fils : comme Fils, il s'émerveille de la Vie qu'Il reçoit du Père, de ce qu'Il Est et de la fraîcheur constante de Sa propre Vie divine dans ce qui est disposé pour Lui par le Père. Il accueille tout ce qui arrive avec Paix et Joie comme venant Dieu ou permis par Dieu.

L'Union des Volontés amène l'être humain à poser les Actes de Dieu mêmes, Actes qui sont porteurs du Fruit de l'Esprit : *« Le fruit de l'Esprit, c'est l'amour, la joie, la paix, la patience, la bonté, la bienveillance, la foi, la douceur, la maîtrise de soi » (Ga 5, 22)*.

3.5.3 L'Union transformante

Dans l'union transformante, le Soi humain (l'être humain dans son unité) devient semblable à Dieu : il est Dieu par Participation.

Ici, le Soi humain [1] participe aux Opérations Trinitaires et est Un avec l'Essence divine.

[1] dont l'âme.

3.5.4 Le « non-goûter »

Le « non-goûter » de Dieu est une **Nescience** des sens et de la conscience : en cette vie, ce « non-goûter » s'apparente à la Foi Pure, à l'Inconnaissance.

Ici *« on goûte le sans goût »* (Tao Te King, v. 1, chap. 63) : on est dans l'Immutabilité où Tout est suspendu.

3.5.5 La non-dualité

La non-dualité signifie que l'être humain et Dieu sont *« non-deux »* (qui est l'étymologie de non-dualité ou advaïta) [1] [2].

En fait, l'être humain et Dieu sont Un sans confusion, sans séparation au sein d'une structure ternaire qui fait intervenir l'Esprit.

[1] la Périchorèse fonde la non-dualité entre l'être humain et Dieu.

[2] là, il y a des Plans de Réalité et une Unification, une Intrication dans une Dimension plus profonde.

3.5.6 La Pureté, la Simplicité

Mêlé à Dieu par Grâce de Dieu, l'être humain, tout purifié, chante sa Joie alors que, devenu lui-même Buisson Ardent, il participe à la Vie Trinitaire de son Dieu.

Sept degrés de purification conduisent à l'union avec la Sagesse divine (Jean de la Croix, VF (B) 1, 24-25 ; VF (A) 1, 20-21) [1].

Les sept degrés de purification correspondent aux sept degrés d'amour [2] (Jean de la Croix, VF (B) 2.29) : en fait, Jean de La Croix parlera de 10 degrés de l'échelle mystique [3] : NO 2,19,1-5 ; NO 2, 20,1-6.

Ici, l'Esprit Saint nous « virginise » et nous pouvons nous rappeler de ces paroles d'Elisabeth de la Trinité : « *Demeurons en son Amour, qu'Il virginise, qu'Il imprime en nous sa divine beauté.* ».

De Jean de la Croix :

La disposition pour l'Union avec Dieu et l'Entrée dans le Saint des Saints de l'Essence divine est dans la pureté et dans l'amour (d'après Jean de la Croix, MC 2.5.8).

Plus il y a de pureté, plus il y a d'illumination et d'union (MC 2.5.8).

Dieu donne à l'âme la pureté et la perfection que l'union requiert (CS (B) 27.6 ; CS (A) 18.4).

Le Bien-Aimé réside dans l'âme et l'embrasement dont il la fait jouir est d'autant plus intime et plus étroit que cette âme est plus pure et plus dépouillée de ce qui n'est pas Dieu (VF (B) 4.14 ; VF (A) 1.9).

Pour que la divine Sagesse et l'âme en viennent à s'unir, il faut que l'âme, elle aussi, soit pure et simple (MC 2.16.7).

La transformation en Dieu assimile l'âme à la simplicité et à la pureté de Dieu (CS (B) 26.17 ; CS (A) 17.12).

[1] purification de l'entendement, de la volonté, de la mémoire, de la substance de l'âme, purification générale, purification de la partie sensitive et de la partie spirituelle.

[2] cf. le Septénaire divin.

[3] cf. le 10-naire divin.

3.5.7 L'Éternité (Rimbaud)

```
L'Éternité


Elle est retrouvée.

Quoi ? - L'Éternité.

C'est la mer allée

Avec le soleil.


Arthur RIMBAUD [1854-1891]
```

4 DANS L'ÉPAISSEUR DE DIEU

Nous pouvons gravir la montagne.

Mais, nous pouvons aussi être autorisé à pénétrer dans la montagne, à entrer dans l'Épaisseur de Dieu.

Nous étions sur la montagne : maintenant, nous pénétrons dans la montagne ; nous pénétrons en Dieu, particulièrement, par les Plaies du Christ.

Il s'agit ici d'entrer plus avant dans l'Épaisseur de Dieu en un Voyage sans fin : dans le Fils vers le sein du Père et sondant les profondeurs de Dieu, dans l'Esprit.

« Allons nous voir en ta beauté,

Sur la montagne ou son penchant,

D'où jaillit l'onde toute pure ;

Dans la masse compacte enfonçons plus avant.
»

(Jean de la Croix, Cantique Spirituel 35)

traduction Cerf

4.1 A l'école de Jean de la Croix (1542-1591)

4.1.1 Le monde au quotidien (Jean de la Croix)

« L'Aimé, c'est pour moi les montagnes,

Les vallons boisés, solitaires,

Toutes les îles étrangères

Et les fleuves retentissants,

C'est le doux murmure des brises caressantes.

Il est pour moi la nuit tranquille,

Semblable au lever de l'aurore,

La mélodie silencieuse,

Et la solitude sonore,

Le souper qui recrée, en enflammant l'amour. »

(Jean de la Croix, Cantique Spirituel)

traduction Cerf

4.1.2 Entrée dans le Saint (היכל)

L'être humain entre ici avec Dieu dans le Cœur [1] de Dieu.

« Puis aux cavernes élevées

De la pierre nous monterons ;

Ces cavernes sont fort cachées,

Et c'est la que nous entrerons,

Au suc des grenades tous deux nous goûterons.
»

(Jean de la Croix, Le Cantique Spirituel)

traduction Cerf

Puis, l'être humain entre ici avec Dieu dans la Chambre Nuptiale [2].

« C'est là que tu me montrerais
Ce que mon âme avait en vue ;
Sur l'heure, tu me donnerais
Là même, ô toi qui es ma vie,
Ce qu'en un autre jour déjà tu me donnas. »

(Jean de la Croix, Le Cantique Spirituel)

traduction Cerf

Dieu accède alors au Désir de l'être humain en l'initiant à Ses Secrets - les Mystères du Royaume - et Il se donne à lui : certes Il l'avait fait déjà fait, mais ce n'était pas encore dans la Chambre Nuptiale.

[1] pointé par le Saint (הֵיכַל, Hekhal) du Temple.

[2] pointée par le Saint des Saints (קודש הקודשים) du Temple.

4.1.3 Le Cellier

« Voici le souffle de la brise,
Le chant si doux de Philomèle,

Le bois avec ses agréments,

Au milieu de la nuit sereine,

Quand la flamme consume et ne fait point de peine. »

(Jean de la Croix, Le Cantique Spirituel)

traduction Cerf

L'être humain est maintenant dans le Cellier [1] [2] : tout purifié, il chante sa Joie alors que, devenu lui-même Buisson Ardent, il participe à la Vie Trinitaire de son Dieu.

« Nul ici ne jetait les yeux...

Aminabad ne paraissait...

Le siège avait cessé...

Et voici que les cavaliers,

Lorqu'ils voyaient les eaux, maintenant descendaient... »

(Jean de la Croix, dernière strophe du Cantique Spirituel)

traduction Cerf

Oui, l'être humain s'est bien battu avec la grâce et le secours de Dieu. Le désir ultime de l'être humain est maintenant comblé : il « voit » l'Essence divine.

[1] *Ct 2, 4* : « *Il m'a menée au cellier, et la bannière qu'il dresse sur moi, c'est l'amour* ».

[2] pointé par le Saint des Saints (שימהקוד קודש) du Temple.

4.1.4 Nescivi : je n'ai plus rien su

« Nescivi » "Je n'ai plus rien su." Voilà ce que chante "l'épouse des cantiques" après avoir été introduite dans "le cellier intérieur." Il me semble que ce doit être aussi le refrain d'une louange de gloire en ce premier jour de retraite où le Maître l'a fait pénétrer au fond de l'abîme sans fond, pour lui apprendre à remplir l'office qui sera le sien durant l'éternité et auquel elle doit déjà s'exercer dans le temps, qui est l'éternité commencée, mais toujours en progrès.

« Nescivi » !... Je ne sais plus rien, je ne veux plus rien savoir, sinon "le connaître, Lui, la communion à ses souffrances, la conformité à sa mort". « Ceux que Dieu a connus en sa prescience, Il les a aussi prédestinés pour être conformes à l'image de son divin Fils », le Crucifié par amour. Quand je serai toute identifiée avec cet Exemplaire divin, toute passée en Lui, et Lui en moi, alors je remplirai ma vocation éternelle : celle pour laquelle Dieu m'a "élue en Lui" « in principio », celle que je poursuivrai « in aeternum », alors que plongée au sein de ma Trinité je serai l'incessante louange de sa gloire, Laudem gloriae ejus.

(Elisabeth de la Trinité, Dernière retraite)

```
« Je restai là, je m'oubliai,

Le visage penché sur lui,

Tout disparut, je me livrai,

J'abandonnai tous mes soucis,

Les oubliant parmi les lis. »


(Jean de la Croix, dernière strophe de La
Nuit obscure)


traduction Cerf
```

Avec *« Nescivi »*, **on est en présence d'un Palier dans le cheminement de l'âme vers Dieu : Palier qui change sa compréhension de Dieu et qu'elle franchit alors.**

4.2 Étapes avancées

Ici, nous commençons à vivre le Royaume.

4.2.1 La Nescience

La Nescience est cet Outil, cet Arc qui nous propulse à vitesse vertigineuse comme flèche vers l'Ultime, vers le Cœur de Dieu.

La Nescience, ce n'est pas d'abord Voir Tout en Dieu, mais Dieu en Tout : la Création comme Icône de Dieu et des Trois Personnes.

Voir Dieu en Tout, tout autour de nous, en un mot Voir Dieu, c'est un don de Dieu [1] où Dieu se révèle à nous dans la Nescience, l'Inconnaissance.

Cette Vision est immédiate et savoureuse dans ce qui apparaît être l'Écorce du Réel, sa Superficialité : mais, en fait, dans la Nescience [2], la Vision va jusqu'à l'Amande, jusqu'à Dieu lui-même et l'Écorce donne déjà à voir Dieu lui-même.

Paradoxalement, dans la Nescience nous commençons à Voir : nous entrons dans la perception iconique. Dépassant cette perception et allant au-delà, nous accédons et dans l'extériorité et dans notre intériorité au Nuage d'Inconnaissance qui nous voile Dieu et Sa Gloire qui est Vive Clarté du Réel.

Alors, nous vivons l'oxymore : la Vision de la Ténèbre obscure qui est aussi Vision de la Vive Clarté du réel. Cette Vision est savoureuse et nous donne Dieu : elle éclaire pour nous ce qu'est la Foi pure.

Déjà, Jean de la Croix nous le disait : la seule progression sûre et sans entraves vers Dieu est dans la Foi pure qui est cette Nescience. En fait, la Foi pure nous donne déjà Dieu.

Dans la Nescience, nous sommes lavés de plus en plus profondément de nos impuretés et devenons de plus en plus purs.

[1] Fake it until you make it ! (Faites semblant (ou comme si) jusqu'à ce que vous le viviez vraiment !)

[2] la Nescience ne signifie pas qu'on ne dispose pas d'une carte qui renvoie à la Structure du monde créé ou du monde divin (ou encore à la Loi de Dieu qui structure le réel) : mais, ici, on est conscient que la carte n'est pas le territoire.

4.2.2 La Contemplation

Dans la Contemplation, l'Image de Dieu est formée dans l'esprit de l'être humain et est « vue » (obscurément ou clairement) par lui dans la Nescience.

```
« Les phénomènes sont icône de l'Absolu. »
```

« L'Absolu est perçu dans la Nescience des phénomènes. »

4.2.3 Le Jardin des Délices, Perception de l'Essence divine

Le Jardin des Délices pour l'être humain est Perception de l'Essence divine par ses sens et sa conscience (et, plus particulièrement, la « Vision » de l'Essence divine) : cette Perception est à l'origine de la Béatitude de l'être humain.

Tout dans le Jardin des Délices renvoie à la Perception de l'Essence divine par la conscience et les sens devenus spirituels.

La conscience est, Ici, le lieu d'une Paix et d'une Joie parfaites et du Plaisir Absolu **(la fruition)**.

Le Jardin des Délices :

- est notre être (un « pays ») où coule le Lait, le Vin et le Miel : ici, nous Goûtons Dieu ;

- est empli de l'Odeur des Parfums Suaves : ici, nous Sentons Dieu et nous émettons Ses Parfums ;

- est baigné d'une Ineffable Musique : ici, nous Entendons Dieu et Sa Parole Inouïe ;

- est Étreinte avec le Bien-Aimé : ici, nous Touchons Dieu ;

- est Beauté Absolue : ici, nous Voyons Dieu, le Père, le Fils et le Saint-Esprit.

Ici Dieu, mon Bien-Aimé, entre dans mon Jardin et me laisse entrer dans Son Jardin !

Déjà quand je bois de l'eau ou entends une voiture..., je suis dans ces perceptions-mêmes, dans la Foi, dans le Jardin des Délices. [1]

[1] Fake it until you make it ! (Faites semblant (ou comme si) jusqu'à ce que vous le viviez vraiment !)

4.2.4 L'Ivresse

L'être humain peut connaître des moments d'Ivresse spirituelle [1], surtout après avoir été introduit dans le Cellier où il Boit/Perçoit/Contemple Dieu.

[1] cette Réalité est présente dans d'autres Traditions : soufisme, taoïsme « Ivre de tao : Li Po, voyageur, poète et philosophe en Chine au VIIIe siècle »...

4.2.5 L'Union non-duelle dans le Royaume

Des mystiques comme Maître Eckhart évoquent l'Union non-duelle [1] de Dieu avec l'univers, à l'origine d'un Royaume non-duel.

L'être humain vit dans ce Royaume non-duel.

L'être humain « accompli » est christifié et « est » Dieu : il est Christ dans le Royaume non-duel de Dieu.

Ce qui est alors vécu par l'être humain « accompli », c'est la participation à la Vie Trinitaire dans ce Royaume non-duel.

Un point de vue du bouddhisme est que la terre pure est au-delà de ce monde. Un second point de vue, présenté dans le Sutra du Lotus ou dans le Sutra Vimalakirti, affirme qu'il ne peut y avoir de terre pure hors du monde. Cela dépend de l'état de vie d'une personne ; si elle purifie son cœur, le monde dans lequel elle vit devient une terre pure.

[1] sans confusion, sans séparation.

4.2.6 La Ville de Dieu

La Ville de Dieu est formée de l'Unité sponsale de Dieu avec la Création [1] : cette Unité sponsale est non-duelle [2] et va s'approfondissant.

Le Christ est Pont entre la Ville de Dieu et Dieu.

La Ville de Dieu est le Royaume non-duel de Dieu, Elle est Éden Transfiguré, Elle est le Corps Ascensionné du Christ. Elle est Babylone... rédimée. Elle est la Maison du Père et la Jérusalem Céleste - sous le mode du « déjà-là » et du « pas encore ».

La Ville de Dieu est Percolée par l'Essence divine [3], Elle Ruisselle d'Essence divine.

En somme, la Ville de Dieu, non pas comme hypothèse d'une chose à venir, mais comme Réalité mystérieuse présente et immanente dans notre histoire, Celle-là même que nous parcourons, accompagnés et consolés par l'Esprit, Celle-là même où nous avons le devoir de témoigner et de faire fructifier le don reçu.

[1] ici, les Univers.

[2] sans confusion, sans séparation.

[3] qui est la Trinité.

4.2.7 Un Buisson Ardent

L'être humain chante maintenant sa Joie alors que, devenu lui-même Buisson Ardent, il participe à la Vie Trinitaire de son Dieu.

Ici :

- l'être humain est Fils adoptif et Un avec le Père ;
- Jésus est l'aide qui lui est assortie (cf. Gn 2, 18) ;
- l'être humain est « Fils » et l'Esprit est son Autre en un Vis-à-Vis d'Amour.

4.2.8 Une Vie Paradoxale

En fait, pour l'être humain uni à Dieu, il s'agit, maintenant, moins de la réalité d'une Kénose à la suite du Fils [1] que d'une Vie Paradoxale : Surnaturelle et Glorieuse... et, à la fois, ordinaire avec d'éventuelles tribulations.

« En Dieu nous avons la vie, le mouvement et l'être » (Ac 17, 28)

Ceci nous engage à Voyager en Dieu, à Parcourir parfois le Jardin des Délices, mais surtout à Vivre fondamentalement le Royaume... et quand nous pensons le Voyage « terminé », le refaire, en cette vie, en une Spirale sans fin (*qui converge vers Dieu*) !!!

[1] Kénose : du grec kenosis : vide, dépouillé. Terme technique du langage théologique ayant pour origine le verbe grec kénoô, utilisé par Saint Paul (Ph 2, 6-7) pour signifier le dépouillement du Christ dans son humanité.

Dans la théologie catholique, la Kénose désigne donc le fait pour le Fils, tout en demeurant Dieu, d'avoir abandonné en son Incarnation tous les attributs de Dieu qui l'auraient empêché de vivre la condition ordinaire des hommes.

4.2.9 Une Spirale sans fin (en cette vie)

Et, toujours aller plus loin, pour faire sens de notre expérience humaine :

« À chaque étape de l'existence humaine, l'être humain adulte avance dans sa quête du Saint Graal, de la manière de vivre tel qu'il le souhaiterait. À chaque niveau de sa quête, il croit avoir trouvé la réponse aux problèmes de l'existence. Pourtant, à sa grande surprise, il est consterné de découvrir que la solution n'est pas celle qu'il avait trouvée. Chaque niveau le laisse déconcerté et perplexe. C'est tout simplement qu'à chaque fois qu'il a résolu un groupe de problèmes, il en trouve un nouveau à la place. Sa quête est sans fin. » (Clare W. Graves)

« And the end of all our exploring will be to arrive where we started and know the place for the first time. » (T. S. Eliot)

4.2.10 La Paix, la Joie

L'Immersion en Dieu s'accompagne de la Paix.

La Paix (signe de l'unité avec Dieu) va avec la Joie (liée à la participation à la Vie trinitaire qui est périchorèse et circumincession).

4.2.11 La mort

Cependant, aussi avancé que soit le mystique, la mort est pour lui l'unique moyen de vivre le passage absolu vers la vie divine. De là vient que l'on ne peut voir Dieu sans mourir. Cela explique une certaine incomplétude (une incomplétude radicale ?) de la vie de tout mystique en cette vie.

« C'est avec un sentiment de joie que j'entends sonner l'horloge, dans la pensée qu'une heure de ma vie vient de s'écouler, et qu'en conséquence, je suis un peu plus proche du moment de voir Dieu » (Thérèse d'Avila)

4.3 Approches de l'Ultime

4.3.1 Pauvreté en esprit

La Nescience conduit à la Pauvreté en esprit des Béatitudes qui donne accès au Royaume de Dieu.

La Pauvreté en esprit conduit à la Vacuité [1] [2] (au Vide) de l'esprit.

Le Vide de l'esprit laisse à Dieu un Espace qu'Il peut remplir avec Sa Lumière, Sa Pureté et Sa Sainteté.

Alors, nous éprouvons la Béatitude éternelle du Fils.

[1] cf. le bouddhisme.

[2] « Voir sa propre nature, c'est voir la Vacuité. Voir la Vacuité, c'est la vraie vision, la vision éternelle » SHEN HUI.

4.3.2 La Vive Clarté du Réel

« Je ne vois pas bien ce que j'aurai de plus au ciel que maintenant, disait-elle une autre fois, je verrai le bon Dieu, c'est vrai ; mais, pour être avec lui, j'y suis déjà tout à fait sur la terre. » (Thérèse de Lisieux)

« [...] N'est-ce pas le Ciel sur la terre ? » (Élisabeth de la Trinité)

« En vérité je vous le dis : il en est d'ici présents qui ne goûteront pas la mort avant d'avoir vu le Fils de l'homme venant avec son Royaume. » (Mt 16, 28) (cf. aussi : Mc 9, 1 et Lc 9, 27)

4.3.3 Le Flip-Flop d'Amour

Dans le Flip-Flop d'Amour, Dieu prend ma place et me donne Sa Place.

- *Je vois par Tes Yeux, Tu vois par mes yeux.*

Ici, l'Union transformante se réalise par une sorte de transposition soudaine des rôles entre Dieu et l'être humain comme oscillation, pulsation sans jamais se stabiliser normalement ni de façon permanente (cf. Hallâj, mystique soufi).

« Si la création aboutit, puisque les deux éventualités sont possibles, alors l'anneau nuptial de l'éternel amour se referme. Et l'homme dit à Dieu : "Toi, c'est moi", comme Dieu dit à l'homme : "Toi, c'est moi." » (René Habachi)

Ceci provoque la Reddition absolue du mystique devant Dieu.

4.3.4 L'Eveil du Fils dans le sein de l'être humain

Un Éveil du Fils spirant l'Esprit d'Amour dans le sein de l'être humain est un Toucher intime du Christ : ici, l'être humain est configuré au Père, son sein renvoyant à Celui du Père.

```
« Que doux et amoureux

tu t'éveilles en mon sein

où toi seul en secret as ton séjour.

Ton souffle savoureux

plein de gloire et de bien,

que délicatement il m'énamoure ! »


(Jean de la Croix, dernière strophe de la
Vive Flamme d'Amour)
```

4.3.5 Le Flux/Reflux

« Ruusbroec exprime la participation du mystique à la Vie Trinitaire comme un mouvement de flux et de reflux qui est en même temps un Mouvement des Personnes divines elles-mêmes » [1] :

Ici, l'être humain appréhende la Vie divine comme un Mouvement :

... / Nuit / Aube / Vive Clarté / Crépuscule / Nuit / ...

- Nuit : Fils et Esprit dans le Sein du Père ;
- Aube, Vive Clarté : Flux - Génération du Fils, Procession de l'Esprit dans l'Infini de l'Essence divine ;
- Crépuscule : Reflux du Père, du Fils, de l'Esprit dans l'Unité de l'Essence divine, qui correspond à l'Étreinte Trinitaire.

[1] « Le ciel est en toi », Michel Cornuz.

4.3.6 Le Soi humain

Le Soi humain (l'être humain dans son unité) est un Triangle, mais sa « Fine Pointe » ne lui appartient pas : la *« Fine Pointe »* du Soi humain est Dieu [1].

En Jésus, le Triangle est Complet.

Je vous invite au Voyage du Soi (qui est l'objet de ce livre) pour « compléter » le Triangle (en fait, recevoir de Dieu cette complétion dans l'Union avec Dieu).

[1] il est vraisemblable que Maître Eckhart considérait que la fine pointe de l'âme appartenait à l'âme quand il écrit que dans l'âme *« il y a quelque chose d'incréé »* : ce qui est inapproprié.

4.4 __Poèmes__

4.4.1 __Ors__

ORS

Il y a des gouffres.

Le pont n'est pas fini de bâtir

Et je ne suis pas encore près de toi, mon Bien-Aimé...

Je suis devant les portes d'ors et d'argents en fusion.

L'or a coulé par les interstices des radiations.

Je suis seul dans les palais de la Beauté qui sont Toi

Et je crois à la douce vision des pierres

Où tu as écrit ta Loi.

mai-juin 2009

Serge Lanoë - La Nuit Pourprée

4.4.2 Jonction

JONCTION

Dans mon être,

Tout au fond,

Est-ce Toi ?

Est-ce moi ?

Je ne sais plus que

Que le Bien-Aimé, incarné avec moi,

Tous les jours de ma vie.

Là, il y a porte

Qui fait communier

A la totalité du réel

Et à la véracité de l'Homme-Dieu.

novembre 1996-novembre 2009

Serge Lanoë - Émaux

4.4.3 Lumière Divine

LUMIERE DIVINE

La lumière incréée est ramassée en un point

Où des rayons irisés circulent et

Emanent en un blanc pur.

L'irisation serait inconnue

S'il elle n'avait été dite par Jésus à l'Aimé.

février 1996-novembre 2009

Serge Lanoë - La Nuit Pourprée

4.4.4 Manteau

MANTEAU

La Trinité de Dieu se laisse voir

Dans le manteau éclatant

Que Tu revêts et qui s'irise

Sous la pression de l'Amour.

juillet 1996-novembre 2009

Serge Lanoë - La Nuit Pourprée

4.4.5 Simplicité

SIMPLICITE

    Tu es l'Unique et tu es Un.
    Tu es Source bouillonnante
    De Lumière et de Vie.

    Dans ce brasier, nulle fragmentation
    Rien qu'une irisation.
    C'est la Source éclairée
    En sa simplicité
    Qui dévoile Ton altérité.

    juillet 1996

Serge Lanoë - Émaux

4.4.6 Essence

ESSENCE

Sonder Dieu et vouloir aller jusqu'à l'Essence,
C'est, dans Sa profondeur,
Déboucher dans la Trinité.

Car l'Essence simple et nue
Clignote triplement
En une ténèbre de lumière
Qui abrite ce grand mystère :
La Trinité est au fond de l'Essence de Dieu.

février 1996

Serge Lanoë - La Nuit Pourprée

4.4.7 Fond Divin

FOND DIVIN

Vouloir scruter Dieu jusqu'à l'extrême Déité,
C'est ne pas se satisfaire d'une essence
Ni même d'une quintessence.

Car, dans le fond de Dieu,
S'il y a la Déité,
Dans le fond de la Déité,
Il y a la Trinité.

février 1996

Serge Lanoë - La Nuit Pourprée

4.4.8 Coïncidence

COÏNCIDENCE

Au cœur de Dieu, nul mystère.

Il est un Souffle Saint

Et qui proclame la coïncidence

Dans l'Essence

De toute créature et du Fils.

C'est de cette limite où le créé touche l'incréé

Dont ont parlé les prophètes.

Nous en connaissons la vraie porte :

Jésus Seigneur.

juillet 1996

Serge Lanoë - Émaux

5 LE POLY-AMOUR

Le Mystère de l'Amour est infini : ici, l'Amour est Poly-Amour.

Le Poly-Amour, c'est pour l'être humain racheté, vivre [1] :

- l'Unité sponsale avec le Christ ;
- l'Unité sponsale avec la Vierge Marie [dans l'Échange ou l'Unité des Cœurs] ;
- l'Unité sponsale avec les êtres humains rachetés ;
- ...

C'est aussi pour l'être humain racheté, vivre :

- l'Unité sponsale avec l'Esprit ;
- l'Unité sponsale avec le Père ;
- l'Unité sponsale avec Dieu ;

- l'Unité sponsale avec les Archétypes en Dieu de tous les êtres humains.

[1] nous sommes ici dans le Poly-Amour de la Communion des saints.

5.1 L'Eglise

« Les noces du Christ et de l'Église se célèbrent sur la Croix.

Pour souligner cette naissance de l'Église à partir de l'amour sacrificiel du Christ, à partir de cet amour infini qui est allé jusqu'au bout, jusqu'à l'extrême, à partir de cet amour du Christ offert, donné jusqu'au dernier souf-fle, jusqu'à la dernière goutte de son sang, à partir de cet amour jailli du côté transpercé du Christ sur la Croix, pour nous faire bien comprendre cette nais-sance de l'Église à partir du sang et de l'eau qui jaillis-sent du côté du Christ, les Pères de l'Église se sont plu à utiliser une image, une comparaison.

Ils nous disent : de même qu'Adam au premier paradis s'est endormi et que, du côté d'Adam Dieu a façonné son épouse Eve avec la chair même d'Adam, avec la chair même de l'homme pour qu'elle soit consubstantielle à sa chair, mieux encore avec la chair du côté d'Adam, avec la chair de son cœur, avec la chair de son amour, de même que Dieu a façonné Eve avec l'amour d'Adam, la femme avec l'amour de l'homme pour qu'ils soient deux en une seule chair, de la même ma-nière quand le Christ s'est endormi sur la Croix, quand le Christ s'est endormi du sommeil de la mort, du côté du Christ, de ce côté transpercé, Dieu a façonné l'Église, son Épouse, l'Église qui est la femme, la femme éternelle, l'Eve nouvelle, façonnée avec l'amour du Christ, avec l'amour de son côté, avec le sang jailli de son cœur.

L'Église est l'Eve nouvelle, elle est la mère des vivants, elle est celle qui puise tout son être, toute sa réalité, toute sa vie de cet amour du Christ offert, donné, livré, offert en sacrifice. L'Église, Épouse du Christ, ce mystère que nous contemplons dans les noces de Cana qui en sont comme le balbutiement et la première appro-che, l'Église Épouse du Christ, c'est le mystère de la mort du Christ par amour pour nous. »

(extrait d'une homélie du Frère Jean-Philippe Revel)

Ici, l'Église est :

- l'Épouse du Christ ;
- la Nouvelle Ève face au Christ, le Nouvel Adam.

5.2 Jésus et le Poly-Amour

Jésus vit le Poly-Amour : il a de nombreuses Épouses [1].

Comme Fils Unique, Il vit également le Poly-Amour ! Pouvez-vous imaginer l'Amour au sein de la Trinité ? Comme les Trois s'aiment ! Sublime !

[1] *Ct 1, 7ab : « Dis-moi donc, toi que mon cœur aime : Où mèneras-tu paître le troupeau, où le mettras-tu au repos, à l'heure de midi ? ».*

5.3 Frères et Sœurs en Christ

Frères et Sœurs en Christ, chacun est avec chacun en Unité sponsale (ou de type sponsal).

Mais, notre Unique Époux est le Christ [1] et, dans le Christ, le Père et le Saint-Esprit.

[1] *« En effet, je vous ai fiancés à un unique époux, au Christ, pour vous présenter à Lui comme une vierge pure » (2 Co 11, 2)*

6 VERS LE CENTRE DE DIEU

6.1 Primat de l'Amour

L'Amour assure la Présence de l'un à l'autre de ceux qui s'aiment.

L'Amour atteint directement son objet [Dieu], à la différence de la Foi où l'objet est plus caché. L'Élan de l'Amour ne se forme pas dans la conscience, mais dans le **Cœur** [1] : ce qui est perçu dans l'Élan est plus élevé que toute Considération de Foi ou d'Espérance [2].

Le Passage en Dieu s'effectue donc par l'Amour [3] et non d'abord par la Connaissance [4] : *« l'Amour seul joint et unit l'âme à Dieu »* (Jean de la Croix, NO 2.18.5).

Le Désir dans l'Amour est le Principe de la Croissance vers Dieu : Jean de la Croix indique que dans l'Union avec Dieu, on franchit des degrés d'Amour que sont les Demeures du Père.

[1] le Cœur est un symbole courant utilisé depuis la préhistoire pour représenter le centre (le cœur) de l'activité émotionnelle, spirituelle, morale et intellectuelle.

[2] *la Foi et l'Espérance ne sont que des moyens prochains de l'union à Dieu : cf. Jean de la Croix.*

[3] entrée dans le Saint, puis dans le Saint des Saints.

[4] en fait, plus la Transformation en Christ avance, plus il apparaît qu'Amour et Connaissance sont Un.

6.1.1 Un Élan du Cœur

Dans l'Élan du Cœur, le Cœur Émet de l'Amour sous l'Action de l'Esprit-Saint : on y sent le Mystère de la Procession de l'Esprit.

« Pour moi, la prière, c'est un élan du cœur, c'est un simple regard jeté vers le Ciel, c'est un cri de reconnaissance et d'amour au sein de l'épreuve comme au sein de la joie ; enfin c'est quelque chose de grand, de surnaturel, qui me dilate l'âme et m'unit à Jésus. » (Thérèse de Lisieux, Manuscrit C, 1897)

6.1.2 Ouverture du Cœur

« L'espérance ne trompe pas parce que l'amour de Dieu a été répandu dans nos cœurs par l'Esprit Saint qui nous a été donné. » (Rm 5, 4)

« La multitude de ceux qui avaient adhéré à la foi avait un seul cœur et une seule âme » (Ac 4, 32)

« Et toi, qu'attends-tu, puisque dès maintenant tu peux aimer Dieu dans ton cœur ? » (PLA 26)

L'Ouverture du Cœur est Provoquée par la Circoncision du Cœur : *« la circoncision est celle du cœur, selon l'Esprit et non selon la lettre »* (Rm 2, 29).

Dans l'Ouverture du Cœur, le Cœur se Dilate de plus en plus aux dimensions du Cœur de Dieu.

6.1.3   Tout embrasé et enflammé d'Amour

L'être humain au Cœur ouvert dans son Voyage en Dieu est tout embrasé et enflammé d'Amour, il vit la Béatitude dans la moëlle de son être.

Comment pourrait-il le supporter s'il n'était rafraîchi par la brise de l'Esprit - et par l'éventail en bois de cèdre de son Dieu Bien-aimé (réinterprété de Jean de la Croix, La Nuit obscure).

6.1.4   L'Incendie d'Amour

Pour l'être humain tourné vers Dieu :

- Dieu est le Bien-Aimé ;
- chaque homme est le Bien-Aimé ;
- chaque femme est la Bien-Aimée.

C'est l'Incendie d'Amour [1].

[1] cf. « Incendium Amoris » et *calor* de Richard Rolle [1290–1349].

6.1.5   Mes Trois

Maintenant, l'être humain peut utiliser l'expression d'Élisabeth de la Trinité, « mes Trois », pour parler des Trois de la Trinité.

« O mes Trois, mon Tout, ma Béatitude, Solitude infinie, Immensité où je me perds, je me livre à vous comme une proie. Ensevelissez-vous en moi pour que je m'ensevelisse en vous, en attendant d'aller contempler en votre lumière l'abîme de vos grandeurs. ».

Il est uni sponsalement à **ses Trois** et Époux(se) du Christ

et

Fils dans le Fils Unique, il est introduit dans la Trinité et Vit les Relations :

- Fils⟷Père ;
- Fils⟷Esprit ;
- Fils⟷Fils Unique.

6.1.6 English Synthesis

In Christianity, God is Love. In fact, the Model for Love is then God Him/Her/Itself or at His/Her/Its Image... The Trinity is *Love as the divine We-space of the Three.

Love is about interacting in the Human and Cosmic We-space... One may find an inspiration in Christianity looking at the Trinity [God is Love], the divine We-space of the Three reflected into the Creation and man (in the Image of God and after His/Her/Its Likeness).

For Christians, the Gospel and also the Bible (but mainly the New Testament) is the User Guide of a *Love Model, namely the User Guide of the Kingdom of God...

The Kingdom of God is roughly equivalent to Enlightenment or buddhahood.

Christ brings Salvation : and Salvation is the offer to man/woman to Participate to the Trinitarian Life of God in enacting Love in this world. One may refuse this offer... or take some time to really understand what it is about :

For the Integralists [the Integral Approach], one may think about :

- *Enlightenment or buddhahood in equivalence ;*
- *or Coral stage and above in Spiral Dynamics ;*
- *or the Ken Wilber Ladder [..., Indigo, Violet, Ultraviolet, ClearLight] for an analogy.*

Our vocation and mission as a human being is Unique for everybody... Christ has liberated us from the (external) Law... Just the Law of Love : Love God and your neighbor as Thyself... Paul in his Epistles has studied how it is now for us christians about the Law...

Here I emphasized Love... but we are right in saying we have to unfold (Love, Faith, Hope) in this world... But Love is what remains... according to saint Paul.

6.2 Le Royaume des Amants

```
Psaume 42(41),2-3.43(42),3.4.
```

Comme un cerf altéré
cherche l'eau vive,
ainsi mon âme te cherche
toi, mon Dieu.

Mon âme a soif de Dieu,
le Dieu vivant ;
quand pourrai-je m'avancer,
paraître face à Dieu ?

Envoie ta lumière et ta vérité :
qu'elles guident mes pas
et me conduisent à ta montagne sainte,
jusqu'en ta demeure.

J'avancerai jusqu'à l'autel de Dieu,
vers Dieu qui est toute ma joie ;
je te rendrai grâce avec ma harpe,
Dieu, mon Dieu !

Par Grâce de Dieu, le vécu du Royaume de Dieu peut s'intensifier : le Royaume devient alors le Royaume des Amants [1] où les Amants sont mêlés et où les Amants ne forment plus qu'un seul Cœur dans l'Incendie d'Amour [2].

[1] cf. « Le Royaume des Amants » de Ruusbroeck [1293-1381].

[2] cf. « Incendium Amoris » de Richard Rolle [1290–1349].

6.2.1 *Sponsalisation

Dans le Royaume des Amants, toute relation peut être mystiquement prismée en son Cœur en une Unité sponsale.

Ici, la *Sponsalisation est une clef majeure d'unification de la compréhension de la démarche mystique chrétienne.

6.2.2 L'Acte du Poly-Amour

Les Bien-Aimés [1] Vivent en Permanence l'Acte du Poly-Amour.

Ici, les Bien-Aimés Se Rencontrent, leurs Sens étant Activés :

- Vision : ils Aiment Se Voir en leur Beauté ;
- Odorat : ils Aiment Se Sentir en leur Bonne Odeur ;
- Ouïe : ils Aiment S'Entendre et Se Parler en leur Voix Mélodieuse.

Ici :

- les Bien-Aimés Se Contemplent dans une Perception, une Vision Pénétrantes et Intuitives ;
- les Bien-Aimés Se Touchent et Se Goûtent ;
- les Bien-Aimés Communiquent de façon Aimante ;
- les Bien-Aimés se Compénètrent et s'Étreignent dans la Périchorèse.

Ici, les Bien-Aimés s'Aspirent entre Eux et s'Expirent entre Eux :

- pour deux Personnes dans le Poly-Amour, l'Une Aspire et Expire l'Autre ;
- voir, en particulier, les Processions : en cette vie, l'être humain Les appréhende dans le Flux/Reflux des divines Personnes.

Ici, les Bien-Aimés Se Servent et/ou Mettent en Œuvre leur Leadership.

Ici, l'Étreinte des Bien-Aimés Produit des Fructus Dei qu'Ils Consomment Ensemble à la Table du Royaume ainsi que les Semen Dei.

Ici, les Bien-Aimés éprouvent d'un Parfum de Nescience du fait de l'Altérité.

Ici, les Bien-Aimés ont aussi leur Vie Propre.

Un Mystère de l'Acte du Poly-Amour : l'être humain mange le Fils, le Père mange le Fils [2].

Un Grand Mystère de l'Acte du Poly-Amour : les Bien-Aimés Se Mangent.

[1] au nombre des Bien-Aimés, il y a le Père, le Fils, l'Esprit, le mystique, tous les êtres humains rachetés...

[2] « *Le Verbe Époux de l'âme est donc la nourriture dont le Père se repaît dans une gloire infinie. C'est le lit fleuri où il repose dans les infinies délices de son amour, profondément caché à tout regard mortel et à toute créature.* » (Jean de la Croix, CS (B), 1.5).

6.2.3 Les Appartements des Époux

L'Épouse du Cantique des Cantiques dit : « *Le Roi m'a introduite dans Ses Appartements* » (Ct 1, 4).

Les Appartements des Époux sont situés dans la Ville de Dieu qui est la Maison du Père : « *Dans la maison de mon Père, il y a de nombreuses demeures : s'il n'en était pas ainsi, je vous l'aurais dit ; je vais vous préparer une place. Et quand je serai allé et que je vous aurai préparé une place, à nouveau je viendrai et je vous prendrai près de moi, afin que, là où je suis, vous aussi, vous soyez. Et du lieu où je vais, vous savez le chemin.* » (Jn 14, 2-4).

Dans la Maison du Père, la Ville de Dieu sous le mode du « déjà-là » et du « pas encore », il y a de nombreuses Demeures où se trouve la Chambre Nuptiale :

- la Demeure du Père et du Fils ;
- la Demeure du Fils et de l'Esprit ;
- la Demeure du Père et de l'Esprit ;
- la Demeure de la Trinité ;
- la Demeure de chacun et du Christ/Agneau ;
- la Demeure de chacun et du Père ;
- la Demeure de chacun et de l'Esprit ;
- le Demeure de chacun et de la Trinité ;
- la Demeure de chacun et de Marie ;
- la Demeure de chacun avec chacun ;
- l'Immense Place de la Communion des saints ;
- ...

Nous sommes ici dans la Dimension du Poly-Amour.

6.2.4 Le petit lit fleuri

Dans le petit lit fleuri [1], a lieu la *"conjonction"* tant désirée. Conjonction de l'homme et de Dieu, de l'esprit créé et de l'Esprit incréé, selon les noms qui désignent dans cette phrase les deux partenaires. Pour dire leur union de la manière la moins mauvaise possible, il est fait appel à la métaphore du mariage. On les nomme Époux et Épouse, mais ce langage reste en deçà de la réalité. Le langage humain n'est que balbutiement lorsqu'il s'agit d'exprimer *"la douceur et la suavité de cette conjonction"*. Une conjonction tout à fait *"étonnante" (mirabilis)* qui va plus loin que l'union des époux. (cf. Guillaume de Saint-Thierry).

Le petit lit fleuri est plus précisément l'Autel de Dieu, le Trône de Dieu, la Croix Reverdie et aussi :

- le Verbe est le lit fleuri du Père [2] ;
- plus généralement, chaque Bien-Aimé est le petit lit fleuri de l'autre.

[1] *Ct 1, 16 : « Que tu es beau, mon bien-aimé, combien délicieux ! Notre lit n'est que verdure ».*

[2] *« Le Verbe Époux de l'âme est donc la nourriture dont le Père se repaît dans une gloire infinie. C'est le lit fleuri où il repose dans les infinies délices de son amour, profondément caché à tout regard mortel et à toute créature. » (Jean de la Croix, CS (B), 1.5).*

6.2.5 Donation des Époux

Alors, les Époux se donnent l'un à l'autre :

```
Ami, soyons en joie,
allons tous deux nous voir en ta beauté,
au mont, à la colline
où l'eau pure jaillit.
Pénétrons plus profond dans les fourrés.


Nous monterons ensuite
vers les hautes cavernes de la pierre
qui sont si bien cachées
et là nous entrerons
et le jus des grenades goûterons.


Là tu me montrerais
```

ce que mon âme désirait si fort,

puis tu me donnerais,

là, toi qui es ma vie

cela que l'autre jour tu m'as donné.

(Jean de la Croix, Cantique Spirituel B 36-37-38)

Ici, les Époux pénètrent ensemble dans les Cavernes du Cœur de Dieu et Y Consomment ensemble le Jus des Grenades, un Fructus Dei Produit par leur Étreinte.

Ici, l'être humain goûte éminemment les Dons de Dieu et Dieu Lui-même, vit le Royaume, va de Gloire en Gloire et entre toujours plus profondément dans le Processus sans fin, pour lui, de la Divinisation.

L'aspiration de l'air

la chanson de la douce philomèle,

le bocage et sa grâce,

parmi la nuit sereine,

la flamme qui consume et plus ne peine.

Or nul ne regardait

Aminadab non plus n'apparaissait,

le siège s'apaisait

et la cavalerie

à la vue des eaux descendait la rive.

(Jean de la Croix, Cantique Spirituel 39-40)

Maintenant, l'être humain voit les *« eaux »*, c'est-à-dire l'Essence divine qui est les « Montagnes de Baume » : il ne lui reste plus qu'à Les atteindre avec la Grâce de Dieu...

L'être humain propose alors à Dieu, son Époux qu'ils Se Retrouvent sur les Montagnes de Baume, c'est la finale du Cantique des Cantiques :

Ct 8, 14 : *« Fuis [1], mon bien-aimé. Sois semblable à une gazelle, à un jeune faon, sur les montagnes de baume ! »*

[1] au sens *Hâte-toi !*

6.2.6 Le Lien Sponsal

L'être humain tourné vers Dieu est en Lien Sponsal avec tous les êtres humains et avec Dieu et en Communion avec les animaux, les plantes et toute la Création : c'est le Poly-Amour.

6.2.7 Vers les Montagnes de Baume

L'être humain a Accédé à la Liberté : maintenant, Il est Libre, Libre pour Aimer et pour Vivre dans la Vérité.

Face à Dieu, face à son Époux, l'être humain exprime ses Désirs Profonds dans l'Union et de l'Union pour cette Vie et Après.

L'être humain propose maintenant à Dieu, son Époux qu'ils Se Retrouvent sur les « Montagnes de Baume », c'est la finale du Cantique des Cantiques :

Ct 8, 14 : *« Fuis [1], mon bien-aimé. Sois semblable à une gazelle, à un jeune faon, sur les montagnes de baume ! »*

Ce *« fuir »* cache, en fait, une invitation à se retrouver sur les montagnes de baume : c'est une invitation au bonheur suprême, car les montagnes de baume sont bien supérieures – le baume est la plus précieuse des matières odoriférantes - à la montagne de la myrrhe et à colline de l'encens (cf. Ct 4, 6).

La finale du Cantique des cantiques rend compte d'un Amour qui n'atteint les Bien-Aimés que dans la conscience que l'Union s'approfondira sans fin, que l'Ascension n'aura pas de terme...

[1] au sens *Hâte-toi !*

6.3 Les Montagnes de Baume

Les Montagnes de Baume sont l'Essence divine (qui est la Trinité).

La Ville de Dieu est Fondée sur les Montagnes de Baume : « *Elle est fondée sur les montagnes saintes* » *(Ps 87, 1)*.

Atteindre puis « *Explorer* » les Montagnes de Baume qui abritent la Ville de Dieu est un Palier dans le cheminement de l'être humain avec Dieu : **Palier qui change sa compréhension de Dieu et qu'il franchit alors.**

6.3.1 Prendre Refuge dans les Montagnes de Baume

Lorsqu'il a été donné à l'être humain d'avoir accès aux Montagnes de Baume, l'être humain quitte définitivement la Ville Ancienne [1] et prend Refuge [2] [3] dans les Montagnes de Baume conformément aux Paroles de Paul :

« *Vous êtes venus vers la montagne de Sion et vers la ville du Dieu vivant* » *(Hb 12, 22)*

[1] ou plutôt il Voit dans l'Esprit la Ville Ancienne comme la Ville de Dieu.

[2] *un point de vue du bouddhisme est que la terre pure est au-delà de ce monde. Un second point de vue, présenté dans le Sutra du Lotus ou dans le Sutra Vimalakirti, affirme qu'il ne peut y avoir de terre pure hors du monde. Cela dépend de l'état de vie d'une personne ; si elle purifie son cœur, le monde dans lequel elle vit devient une terre pure.*

[3] cf. l'Entrée dans l'Arche.

6.3.2 Appuyé sur le(s) Bien-Aimé(s)

L'être humain a quitté avec la Grâce de Dieu la Ville Ancienne, s'en est allé au désert : il en revient maintenant appuyé sur le(s) Bien-Aimé(s) vers les Montagnes de Baume et la Ville de Dieu.

Il reprend pour lui cette Parole du Cantique : « *Qui est celle-ci qui monte du désert, appuyée sur son bien-aimé ?* » *(Ct 8, 5a)*.

Jean de la Croix décrit cet appui de l'être humain qui ne met sa confiance qu'en Dieu :

```
Appuyé sans aucun appui,

[...]

Sur Dieu seulement appuyée.
```

(Jean de la Croix, PO 12 : « Appuyé sans aucun appui »)

Maintenant, l'être humain n'est plus seul : il sait qu'il va compagnonner pour toujours avec le(s) Bien-Aimé(s) : ici, Jésus est l'aide qui lui est assortie (cf. Gn 2, 18).

6.3.3 Atteindre les Montagnes de Baume

L'être humain atteint les Montagnes de Baume quand Il est Immergé dans l'Essence divine : il Perçoit alors l'Essence divine.

Atteindre les Montagnes de Baume est pointé dans l'Écriture par le seuil de la Terre Promise.

Alors, l'être humain est prêt à Explorer [1] les Montagnes de Baume et la Ville de Dieu qu'Elles Abritent.

Cependant, les Montagnes de Baume ont toujours pour l'être humain un Parfum d'« Horizon » en cette vie...

[1] Fouler, Pénétrer, Cartographier...

6.3.4 Nescivi

L'être humain quand il Explore les Montagnes de Baume ou Vit dans la Ville de Dieu, ne sait plus, ne sait rien : il Vit le *« Nescivi » (Ct 6, 12)*.

Toute la Sagesse, l'Intelligence, la Science lui est fournie quand il faut dans le Maintenant par l'Esprit et par Dieu.

Ici, l'être humain reprend pour lui la Parole de Paul : *« Non, je n'ai rien voulu savoir parmi vous, sinon Jésus Christ, et Jésus Christ crucifié. » (1 Co 2, 2)*.

6.3.5 Premières Explorations des Montagnes de Baume

Quand l'être humain, par Grâce de Dieu, commence à Explorer les Montagnes de Baume, il Contemple la Lumière Incréée et Dieu dans Sa Splendeur, l'Infini et Dieu dans Sa Grandeur, l'Absolu et Dieu dans Sa Transcendance.

Mais, l'être humain ne saurait se complaire d'une approche limitée, même sublime, du divin : Dieu l'invite à aller plus loin vers le Suprême dans une nudité de plus en plus poussée et l'Étreinte avec l'être nu de Dieu.

6.4 La Conjonction

Nous sommes ici au Cœur du Mystère de l'Unité sponsale.

6.4.1 Vision au Cœur des Montagnes de Baume

« On ne Voit que l'Essence divine.

Les Trois Personnes divines Y sont dans une Nudité Totale : l'Homme, aussi.

L'Homme repose Nu sur le Verbe Nu qui est son Lit d'Amour. » [1]

[1] ce poème n'est évidemment qu'un balbutiement : note de l'auteur.

6.4.2 Vision par l'Aimé du Dévoilement de Dieu

Pour ne lui laisser aucun doute sur Lui, Dieu se lève et se retourne vers l'Homme : c'est la Vision de Dos et de Face. Plus rien n'est caché ! Comme Dieu est Beau dans Sa Nudité totale !

DIEU EST IVRE DE L'ETRE HUMAIN

Dans son ivresse pour l'être humain, Dieu se montre à lui dans sa Nudité.

Dieu donne à l'être humain une icône de Lui « nu » où l'homme peut « comparer » sa masculinité ou sa féminité avec celle de Dieu en toute humilité.

La Nudité émouvante de Dieu est d'abord visible par un regard de biais venant de nous : Nudité apophatique, imaginable, un bref instant, allusive, si fragile, si fugace…

L'homme est bouleversé par le choc de cette Nudité quand il la contemple dans la magie de cette révélation (que ce soit pour la première fois ou ensuite). Ce qui frappe, c'est cette « mort » de l'homme dans cette Nudité, regardée droit dans les yeux, sans superflu, sans commentaire.

Une Nudité de Dieu fragile

Cette Nudité de Dieu qui est fragile se donne avant même qu'elle soit revêtue et d'abord de dos, de façon moins personnelle que si le visage apparaissait. Quant au reflet de face, il se trouve encore porté par un miroir flou, sorte de vêtement… Il y a manifestement une grandeur et une beauté dans cette Nudité fragile et exposée de Dieu.

La transparence donne l'idée d'une Nudité fragile (immédiatement accessible au regard, sans protection) : cette Nudité fragile est sous sa guirlande de roses odorantes

Tout cela amène à la fois à une Nudité fragile, bouleversante et en même temps une profondeur à une Présence exprimée le plus simplement du monde.

« Tout se passe comme si, dans son acharnement à scruter la nudité fragile des visages, on tentait de retrouver l'essence même du visage ».

Dans sa Nudité, Dieu s'abandonne au regard de l'être humain.

Dans sa Nudité fragile, Dieu s'abandonne à l'être humain et se révèle vulnérable.

La Nudité dévoilée

La Nudité dévoilée a un côté légèrement diaphane, un peu angélique, d'une réalité suggérée, d'une apparente simplicité, dans sa nudité dévoilée

La Nudité dévoilée de Dieu met le « regardeur » lui-même en danger d'être ébranlé au plus profond de soi. Cette démarche ambivalente à la frontière de l'art est une révélation, au sens primitif du terme, qui amène l'être humain à vivre une expérience spectatorielle aussi saisissante que troublante !

Dans cette vision de la Nudité de Dieu, l'être humain s'écrie : *« Voilà l'homme et voilà Dieu ! »*.

La Nudité absolue

Puis, dans une sorte d'extrême fragilité, la Nudité absolue de Dieu est contemplée au plus proche de l'essence des choses, des questions de la vie… La Nudité absolue appelle la caresse, un échange de caresses entre l'être humain et Dieu. Elle appelle aussi les baisers…

L'échange entre Dieu et l'être humain se déroule dans la Nudité absolue tant pour l'un que pour l'autre. Dieu et l'être humain se mettent à nu au sens propre comme au figuré… bas les masques !

La Nudité absolue ne laisse place qu'à la seule vérité qui mérite d'être dite : ce que renvoient les regards qu'échangent Dieu et l'être humain.

Dieu livrant sa Nudité absolue à l'être humain fait aussi accéder l'être humain à sa nudité ce qu'Il (il) voulait de tout temps pour mieux signifier encore le statut de l'être humain quand Il se donne !

Alors, en tant qu'être humain, j'offre aussi mon corps à Ses regards, à Sa Volonté dans le plaisir que je prends à partager mon intimité de cette façon…

La Nudité absolue de Dieu fait accéder l'être humain à la perfection humaine de l'Amour.

La Nudité découverte

L'être humain est incité à frôler la Nudité découverte de Dieu et réciproquement pour Dieu.

La Nudité offerte

La Nudité offerte de Dieu (et celle de l'être humain) devient ici un acte de gloire. Sa source ne réside pas dans la nudité offerte aux regards mais dans quelque chose dont la nudité est l'expression puissante : la Gloire !

La nudité offerte se laisse caresser et embrasser...

Comment rendre avec des mots simples ce désir de Dieu de livrer sa Nudité au regard de l'homme et de goûter profondément le don dans sa Nudité offerte ?

Ici, moi, être humain, j'accepte de me laisser regarder autant que je regarde, pupilles humbles, sans calcul, nudité offerte, plongée consentante, un peu tremblée ? Dieu sourit. Il me laisse le temps de parcourir sa Nudité offerte, mes yeux plongés dans les Siens, ses yeux plongés dans les miens.

La nudité offerte à l'autre suppose le droit de « Contact » : comme c'est bon de se sentir amarré à Dieu !

Nudité totale

Pour ne lui laisser aucun doute sur Sa Nudité totale, Dieu se lève et se retourne vers l'être humain. Comme Dieu est Beau !

La Nudité totale de Dieu laisse voir une rare perfection. Mais ce qui frappe le plus, c'est le Visage de Dieu.

La Nudité totale est une exposition sans réserve, avec des sensations de semi-caresses.

L'oraison met l'âme dans *« une nudité totale pour la rendre capable de l'union immédiate et consommée ... En cet état, il faut laisser opérer Dieu et recevoir tous les effets de sa sainte opération par un tacite consentement dans le fond de l'âme. »* Cette oraison ne peut s'appuyer que sur un absolu renoncement à tout ce qui n'est pas Dieu : « *Un homme d'oraison doit être un homme mort ...* ».

L'être humain ne peut ainsi se complaire seulement du approche limitée du divin. Il lui faut se projeter tout entier dans une nudité totale vers l'être nu de Dieu.

« Cependant, dans sa pauvreté extrême, dans sa nudité totale, Dieu dispense une richesse qui n'a pas de prix : le bonheur que l'on découvre dans les yeux de ceux qui le fréquentent ».

La nudité totale fait de l'homme un « fol en christ ».

La Nudité totale, c'est la vision de dos et de face : plus rien n'est caché !

« Il y a des circonstances où la nudité totale n'est pas impudique. » (Jean-Paul II)

Alors, Dieu dans sa Nudité s'approche de l'être humain (à moins que ce ne soit l'être humain).

Ici, Dieu est nu et impose la nudité totale à son esclave d'Amour. Ici, l'être humain est donc esclave d'Amour de Dieu : c'est dans une nudité totale qu'il va lui falloir évoluer face à Lui, soumis à Lui dans la nudité totale et danser le Royaume.

La nudité totale s'inscrit d'abord dans l'espace privé de la relation duelle de l'être humain et de Dieu : mais, il y a aussi nudité totale devant tous, plus de honte !

La Nudité chaste

La Nudité chaste de Dieu resplendit comme un soleil ; elle a une bonté sublime.

DIEU NU

En fait, Dieu est la Nudité même !

La communion du Dieu nu avec l'homme nu : Mystère absolu d'un Dieu nu et de sa créature libre et abandonnée... jusqu'aux larmes.

Le Dieu nu, c'est l'image que Jésus nous donne sur la croix.

Le Dieu nu, c'est l'image de l'Enfant de Bethléem.

C'est un Dieu nu en Jésus qui rejoint l'homme nu.

Dieu nu, impuissant, Dieu impuissant qui pourtant a vaincu le mal par son impuissance même : *« Du dieu des armées au Dieu désarmé »*.

La grâce pure et simple du Dieu nu.

La danse et le jeu du Dieu nu.

Le Dieu nu fait frissonner de bonheur et de désir. Il éveille le moindre de nos sens, Sa Beauté étant une véritable brûlure...

Le Dieu nu était caché : Il s'est dévoilé.

Le Père offre aux yeux du monde la Nudité du Fils.

DIEU EST TOUT NU

Dieu est tout nu.

L'ange du Seigneur, c'est donc presque un synonyme de Dieu ou Dieu avec juste ce qu'il faut pour rester un brin incognito. Il n'est là que comme un ultime rempart à la rencontre de Dieu tout nu...

Mais comment faire pour saisir Dieu tout nu dans son vestiaire puisque tout regard habille ? Nous sommes de nouveau confrontés à ce paradoxe qu'il n'y a pas moyen de ne pas parler de Dieu et que chaque fois qu'on en parle, on en parle mal et que ce n'est pas pour autant une raison suffisante pour n'en plus parler. Le tout est de consentir à en mal parler, par nécessité.

6.4.3 L'Attribut sponsal

Le corps humain, marqué du sceau de la masculinité ou de la féminité, *« contient, depuis "l'origine" l'attribut "sponsal", c'est-à-dire la capacité d'exprimer l'amour : cet amour, justement, par lequel l'homme-personne devient don et — par l'intermédiaire de ce don — réalise le sens même de son essence et de son existence » (Jean-Paul II).*

Nous Voyons à quel point le Verbe, le Christ, se livre entièrement à travers l'être humain racheté, dans la donation de toute la divinité de Dieu : Il le fait différemment dans la signification sponsale d'un corps masculin et dans la signification sponsale d'un corps féminin.

Hommes et femmes, nous nous distinguons par deux façons d'« être corps ». Les deux formes sont sponsales : capables d'exprimer l'amour comme don de soi, capables d'accueillir le don qui est donné. Notre existence corporelle atteint une apogée et son épiphanie dans les gestes d'amour : caresse, baiser, embrassement, union, extase... Le corps est capable de Communion et Communication, deux caractéristiques qui l'ouvrent à la Vie Trinitaire.

6.4.4 Dans le Cellier

« *Dans le Cellier, les Bien-Aimés Consomment Leur Union :*

Ils Se Voient en Leur Beauté.

Leur Contact est une Brûlure Suave et Suprême.

Ils Jettent des Étincelles en un Flamboiement.

Ils (S')Échangent dans un Halo de Lumière et de Gloire.

Ils Émettent un Vent en Gémissant et des Sucs qu'Ils Consomment Ensemble.

Ils Sont le Buisson Ardent. »

Ici, l'Homme, le Père, le Fils Unique Incarné et l'Esprit consomment le Poly-Amour :

- l'Homme, le Père, le Fils Unique Incarné et l'Esprit se Perçoivent par tous leurs Sens de façon Contemplative, Pénétrante et Intuitive ;

- l'Homme, le Père, le Fils Unique Incarné et l'Esprit (Se) Communiquent de façon Aimante ;

- l'Homme, le Père, le Fils Unique Incarné et l'Esprit Échangent Gloire et Lumière ;

- l'Homme « s'Échange » merveilleusement avec le Père, le Fils Unique Incarné et l'Esprit ;

- l'Homme, le Père et le Fils Unique Incarné spirent l'Esprit ;

- l'Homme, le Père, le Fils Unique Incarné et l'Esprit ont des Gémissements Suaves et Ineffables [1] ;

- l'Étreinte des Bien-Aimés Produit des Fructus Dei qu'ils Consomment Ensemble à la Table du Royaume ainsi que les Semen Dei ;

- l'Homme Consomme aussi l'Unité sponsale avec toute la Création.

[1] *« le chant si doux de Philomèle »* (Jean de la Croix, Cantique Spirituel 39).

6.4.5 1er Sceau : le Miel du Rocher

« C'est moi, le Seigneur, ton Dieu, qui t'ai fait monter de la terre d'Egypte, ouvre large ta bouche, et je l'emplirai.[...] Je l'aurais nourri de la fleur du froment, je t'aurais rassasié avec le miel du rocher. » (Ps 81,11...17)

L'Étreinte des Bien-Aimés Produit des Fructus Dei qu'ils Consomment Ensemble ainsi que les Semen Dei, dans le Cellier, dont le Miel du Rocher, le Miel des Montagnes de Baume. Ils en ressortent la Bouche toute barbouillée et aussi de Baisers : c'est le Sceau des Épousailles [1] [2].

[1] *« Je suis le pain vivant qui est descendu du ciel. Si quelqu'un mange de ce pain, il vivra éternellement ; et le pain que je donnerai, c'est ma chair, que je donnerai pour la vie du monde. Là-dessus, les Juifs disputaient entre eux, disant : Comment peut-il nous donner sa chair à manger ? Jésus leur dit : En vérité, en vérité, je vous le dis, si vous ne mangez la chair du Fils de l'homme, et si vous ne buvez son sang, vous n'avez point la vie en vous-mêmes. Celui qui mange ma chair et qui boit mon sang a la vie éternelle ; et je le ressusciterai au dernier jour. Car ma chair est vraiment une nourriture, et mon sang est vraiment un breuvage. Celui qui mange ma chair et qui boit mon sang demeure en moi, et je demeure en lui. Comme le Père qui est vivant m'a envoyé, et que je vis par le Père, ainsi celui qui*

me mange vivra par moi. C'est ici le pain qui est descendu du ciel. Il n'en est pas comme de vos pères qui ont mangé la manne et qui sont morts : celui qui mange ce pain vivra éternellement. » (Jn 6, 51-58).

[2] *Ct 8, 2 : « Je te ferais boire un vin parfumé, ma liqueur de grenades ».*

6.4.6   2ème Sceau : comme une Cire

Appliquer son corps comme une Cire sur le Corps du Christ où on reçoit l'Empreinte du Sceau Trinitaire en étant tout embrasé : c'est le deuxième Sceau des Épousailles qui relève de l'Étreinte.

Gertrude d'Helfta reçut de nombreuses grâces jusqu'au jour où, malade et venant de recevoir l'Eucharistie, *« son âme, réchauffée par la Présence réelle devint semblable à une cire appliquée sur la poitrine du Christ. Elle y pénétra et reçut l'empreinte du sceau trinitaire. Feu d'Amour,... Feu Glorieux qui triomphera de sa volonté propre, Feu transformant ses scories en or pur et précieux, Puissante Fournaise ».*

6.4.7   3ème Sceau : Pénétrés de l'Esprit

Chaque Bien-Aimé émet un Vent, l'Esprit [1] ou bien l'Essence divine, en direction des autres Bien-Aimés.

Ce Vent entre et ressort par les Ouvertures [2] des Bien-Aimés en une Boucle Circulante qui peut s'Inverser : c'est le troisième Sceau des Épousailles qui relève de l'Étreinte intimisée.

[1] si le Bien-Aimé est l'Esprit, il est Lui-même ce Vent.

[2] yeux, oreilles, bouche, narines...

6.4.8   4ème Sceau : Physicalité entre l'être humain et le Christ

Dans la Physicalité entre l'être humain et le Christ, l'être humain et le Christ se font *(cf. saint Bernard de Clairvaux)* :

- des Hugs ;
- des Baisers ;
- des Caresses.

Ils se pénètrent aussi Physiquement : c'est le quatrième Sceau des Épousailles qui relève de l'Étreinte intime. Par exemple :

- l'être humain met ses doigts, ses mains *(Jn 20, 27)*, sa langue dans les Plaies du Christ et aussi dans Son Cœur Transpercé ;
- l'être humain et le Christ s'embrassent profondément ;
- l'être humain prend refuge dans le Cœur Transpercé du Christ ;

- le Christ prend refuge dans le cœur de l'être humain ;
- ...

Non seulement l'être humain et le Christ se pénètrent Physiquement par les Ouvertures de leur Corps, mais aussi, c'est un Grand Mystère, chacun peut pénétrer l'autre *« portes closes » (Jn 20, 19).*

Érotisation de la Physicalité

L'Érotisation de la Physicalité entre l'être humain et le Christ, et plus généralement de l'Étreinte des Bien-Aimés, est saine et même sainte : on renvoie ici au poète Richard Crashaw [1].

[1] *« Crashaw's [ca. 1613-1649] poetry devoted to Jesus on the Cross, it has been argued, is "rapturous, insistently erotic", producing a kind of "gender undecidability"... I mention this case of sexual provocation, in which "wounds, mouth, eyes, orifices... render Christ's body open" to every human being... which fulfills his/her desire to access the divine through bodily as well as spiritual union »* (d'après The "Divine" Guido : Religion, Sex, Money, and Art in the World of Guido Reni).

6.4.9 5ème Sceau : la Périchorèse des Bien-Aimés

Dans la Danse de la Périchorèse, les Bien-Aimés Émergent les uns dans les autres ; c'est le cinquième Sceau des Épousailles qui relève de l'Étreinte non-duelle.

... et la Nature humaine et la Nature divine sont elles-mêmes en Périchorèse.

6.4.10 6ème Sceau : Participation à la Vie Trinitaire

Les Bien-Aimés Vivent la Vie Trinitaire ou Participent, selon le cas, à la Vie Trinitaire : c'est le sixième Sceau des Épousailles qui relève de l'Étreinte Trinitaire.

Ici est communiquée à l'être humain la Pulsation de la Vie Trinitaire.

6.4.11 7ème Sceau : Participation de la Nature divine

Les Bien-Aimés possèdent la Nature divine [1] ou Participent, selon le cas, de la Nature divine ; c'est le septième Sceau des Épousailles qui relève de l'Étreinte Essentielle ou sans mode : les Bien-Aimés sont ici Totalement nus et dépouillés.

Ici, l'être humain est Dieu par Participation.

[1] ou Essence divine.

6.5 La Louange et la Célébration

L'être humain a maintenant conscience qu'il franchit un seuil : dans son Parcours mystique, il Passe ici de l'Image de Dieu à la Ressemblance avec Dieu.

Ici, sa Joie le fait Culminer dans la Louange à Dieu et la Célébration de l'Union avec Dieu.

Son Chant [1] découle d'un Merci au Don Surabondant de Dieu dans l'expérience mystique : Il anticipe les Célébrations du Festin des Noces de l'Agneau.

[1] sa Danse...

6.5.1 Prier avec tout son être

Prier, être en oraison, ce n'est pas simplement lié à notre conscience.

C'est aussi prier :

- avec son cœur ;
- avec son âme ;
- avec son esprit [1] ;
- avec son corps

- en fait, avec tout notre être.

[1] la pointe de la conscience.

6.6 Configuration aux Trois Personnes

Dans l'Unité sponsale avec le Père, l'Unité sponsale avec le Christ, l'Unité sponsale avec l'Esprit, l'être humain racheté est Un avec le Père, Un avec le Fils, Un avec l'Esprit et ainsi configuré au Père, configuré au Fils, configuré à l'Esprit [1] [2].

« *L'âme se transforme en l'Esprit Saint, comme aussi en même temps aux deux autres Personnes* » *(Jean de la Croix, CS (A) 38.2).*

« *L'enseignement est élevé. Il s'agit bien de cette transformation en Dieu où la Trinité vient prendre possession de l'âme et de ses facultés et faire ses propres opérations en elle, en l'associant elle-même à cette œuvre divine, de façon toute gratuite et dépendante ; et Jean de la Croix affirme que cela se réalise en quelque manière dans l'âme en tant que liée particulièrement au Fils, dans la filiation adoptive, par participation à ce que lui-même possède et fait dans la Trinité, sans préjudice aucun pour l'action des deux autres Personnes en lesquelles l'âme est en même temps transformée.* » *(François Girard, Notre Dame de Vie)*

La Configuration aux Trois Personnes se réalise aussi « en la Trinité, conjointement avec la Trinité, comme la Trinité même, toutefois d'une manière participée » [3] au travers de :

- la Périchorèse avec les Personnes Divines ;
- la Participation aux Opérations Trinitaires ;
- la Participation de la Nature divine ;
- ...

Ici, l'être humain reçoit le Père, le Fils et l'Esprit et donne l'Esprit au Père et au Fils, le Fils au Père et à l'Esprit, le Père à l'Esprit et au Fils.

[1] cf. aussi : « L'expérience des Trois Personnes d'après saint Jean de la Croix » dans Le Christ notre Vie, Rencontre Juillet 1984, Notre-Dame de Vie, pp.25-54, Maurice Paissac.

[2] Eckhart développe aussi une prédication analogue : il parle du point de vue de l'éternité, c'est-à-dire à partir de la Trinité en elle-même. Par la fécondité de l'âme qui engendre le Verbe, c'est-à-dire par la grâce de l'Esprit incréé, non seulement l'homme devient fils dans le Fils et le « même » Fils, mais encore père dans le Père et le « même » Père.

[3] *Jean de la Croix, CS (B) 39.4.*

6.6.1 Configuré au Père

L'être humain racheté qui mange le Christ dans l'Eucharistie est configuré au Père : « *Le Verbe Époux de l'âme est donc la nourriture dont le Père se repaît dans une gloire infinie. C'est le lit fleuri où il repose dans les infinies délices de son amour, profondément caché à tout regard mortel et à toute créature. » (Jean de la Croix, CS (B), 1.5)*

Le Père Tout-Puissant déploie le réel conformément aux Désirs du Fils et de l'Esprit.

Le Père se répand en totalité dans le Fils et l'Esprit.

Dès le IIème siècle, saint Justin, saint Irénée, Tertullien, saint Hippolyte, saint Apollinaire d'Hiérapolis insistent sur la plaie du côté de Jésus d'où jaillissent les eaux spirituelles qui purifient toutes choses : l'Eau et le Sang, pour eux le Logos et le Pneuma (la Parole et l'Esprit) : ici, Jésus sur la Croix est configuré au Père [1].

[1] remarque de l'auteur.

6.6.2 Configuré au Fils

L'être humain racheté, configuré au Fils, est saturé par l'Esprit et l'Esprit repose sur lui.

Le Fils reçoit le réel disposé pour Lui par le Père dans le maintenant et y adhère inconditionnellement.

Le Fils est insufflé par l'Esprit et souffle l'Esprit.

« Nous sommes pour Dieu la bonne odeur du Christ » (2 Co 2, 15)

6.6.3 Configuré à l'Esprit

L'être humain racheté, configuré à l'Esprit, se répand en Dieu et dans la Création comme un parfum et il « vole » vers le Centre de Dieu dans sa Transformation en Christ.

L'Esprit défragle et irradie : l'Esprit est ici la Brise qui rafraîchit le Père et le Fils tout embrasés et enflammés d'Amour.

L'Esprit est Immaculé et Virginal.

6.6.4 Les Noms divins

Ici, nous abordons Dieu à partir de Ses Noms divins :

- Dieu ;
- Amour ;
- Vérité ;
- Sagesse ;
- Bonté ;
- Beauté ;
- Vie ;

- Gloire ;
- Lumière ;
- Justice ;
- ...
- Joie, Paix, Patience, Bienveillance, Foi, Douceur, Maîtrise de soi [1] ;
- ...

Louanges à frère Léon de saint François d'Assise

Tu es le seul saint, Seigneur Dieu, toi qui fais des merveilles !

Tu es fort, tu es grand,

Tu es le Très-Haut, tu es le roi tout puissant; toi, Père saint, roi du ciel et de la terre.

Tu es trois et tu es un, Seigneur Dieu,

Tu es le bien, tu es tout bien, tu es le souverain bien, Seigneur Dieu vivant et vrai.

Tu es amour et charité, tu es sagesse, tu es humilité, tu es patience, tu es beauté,

Tu es douceur, tu es sécurité, tu es repos, tu es joie, tu es notre espérance et notre joie,

Tu es justice, tu es mesure, tu es notre richesse et surabondance.

Tu es beauté, tu es douceur, tu es notre abri, notre gardien et notre défenseur, tu es la force, tu es la fraîcheur.

Tu es notre espérance, tu es notre foi, tu es notre amour, tu es notre grande douceur, tu es notre vie éternelle, grand et admirable Seigneur, Dieu tout puissant, O bon Sauveur !

« Il y a des Noms qui sont propres aux Personnes de la Trinité et d'autres qui leur sont communs : les premiers manifestent la distinction des Personnes et la raison de cette distinction, qui est la Relation ; les seconds manifestent l'Unité de l'Essence ». [2]

Les Noms divins qui qualifient le Dieu Trinitaire [3] s'appliquent ainsi aussi à chacune des Personnes divines : le Père est [...], le Fils est [...], l'Esprit est [...].

Les Noms divins du Dieu Trinitaire coïncident en Dieu, les Noms divins du Fils coïncident dans le Fils, les Noms divins du Père coïncident dans le Père, les Noms divins de l'Esprit coïncident dans l'Esprit.

L'être humain racheté est configuré aux Trois Personnes [4], les Noms divins peuvent alors servir à le qualifier dans son égalité avec Dieu ou avec chacune des Personnes : égalité d'Amour, égalité de Sagesse... égalité avec le Fils, égalité avec le Père, égalité avec l'Esprit...

[1] le Fruit de l'Esprit est divin.

[2] « Théologie négative et noms divins chez Saint Thomas d'Aquin » de Thierry-Dominique Humbrecht.

[3] qui est l'Unité de l'Essence divine.

[4] et donc à Dieu.

6.6.5 <u>Configuré à l'Essence divine</u>

L'être humain uni à Dieu est configuré à Dieu : c'est-à-dire qu'il est Dieu par Participation, qu'il est l'Essence divine par Participation.

L'être humain uni à Dieu est ici dans la Position du Dieu Trinitaire.

7 AU CENTRE

Lorsque l'être humain descend dans son âme et arrive au Centre de son âme, il débouche en Dieu.

Au Centre de l'âme, l'être humain reçoit la forme de Christ [1] (par transformation, conformation...), autant qu'elle est possible en cette vie : ici, l'être humain adhère au Christ, adhère à Dieu.

« Car ce que nous sommes dans ce monde est à l'image de ce que Jésus est lui-même » (1 Jn 4, 17)

Lorsque l'être humain Voyage en Dieu dans l'Épaisseur de Dieu et Arrive au Centre de Dieu, ce Centre **s'Ouvre** : l'être humain découvre alors une Nouvelle Dimension de *« la Largeur, la Longueur, la Hauteur et la Profondeur »* de Dieu qui est au-delà de l'Union et marquée par *la Vie divine...*

Le mystique se rappelle que l'Essence divine s'est déjà ouverte, un jour, pour lui, dévoilant les Trois Personnes qui La forment... puis il a pénétré, bien plus tard, dans le Cœur de Chacune des Personnes divines.

[1] et aussi de Marie.

7.1 Du Poly-Amour en Dieu

La Trinité est un Baiser (Guillaume de Saint-Thierry [1075-1148])

7.1.1 De l'Étreinte Trinitaire

L'être humain est au Centre de l'Étreinte Trinitaire : comme un Jaspe serti sur trois Châtons.

L'être humain Participe dans les Personnes divines à l'Étreinte Trinitaire.

7.1.2 L'être humain Oint en Dieu

L'être humain en Dieu est Oint d'Essence divine sur lui et en lui : il est fait Christ.

7.1.3 De l'Essence divine

Les Personnes divines sont Traversées par l'Essence divine, L'Aspirent et L'Expirent et La Mangent/La Boivent, Émettent et Exsudent l'Essence divine et sont Ointes d'Essence divine sur Elles et en Elles.

Chaque Personne divine Oint les Deux Autres avec l'Essence divine.

De même, pour l'être humain en Dieu [1].

[1] cf. Auguste Poulain, "Journal spirituel de Lucie Christine" (3 novembre 1888), TEQUI, 1999.

7.1.4   Le Chant d'Amour dans le Poly-Amour

L'être humain en Dieu, le Père, le Fils Unique Incarné et l'Esprit ont des Gémissements Suaves et Ineffables qui forment un Chant d'Amour [1] [2] dans l'incessant Poly-Amour : ce Chant d'Amour fonde leur Communication dans le Poly-Amour.

« Pareillement l'Esprit Saint vient au secours de notre faiblesse, car nous ne savons que demander pour prier, comme il faut, mais l'Esprit Lui-même intercède pour nous en des gémissements ineffables » (Rm 8, 26)

[1] cf. le Chant d'Amour (« Melos Amoris ») entendu par Richard Rolle [fin du 13e siècle-1349].

[2] *« le chant si doux de Philomèle »* (Jean de la Croix, Cantique Spirituel 39).

7.1.5   Trio et Quatuor en Dieu

L'être humain en Dieu est dans un « Trio » [1] : incessant Poly-Amour Trinitaire du Père, du Fils et de l'Esprit / comme Fils dans le Fils Unique.

L'être humain en Dieu est aussi dans un « Quatuor » [2] : incessant Poly-Amour de l'être humain, du Père, du Fils Unique Incarné et de l'Esprit.

En fait, l'être humain en Dieu vit simultanément le « Trio » et le « Quatuor ».

Le « Quatuor » et le « Trio » jouent le Chant d'Amour [3] dans l'incessant Poly-Amour.

[1] groupe de trois personnes.

[2] groupe de quatre personnes.

[3] cf. le « Melos Amoris » et *canor* de Richard Rolle [fin du 13e siècle-1349].

7.1.6   L'expérience sensorielle de l'être humain dans le Poly-Amour

Dans le Poly-Amour, l'être humain en Dieu a une expérience sensorielle [1] différente de chacune des Trois Personnes divines, cela à partir de ses sens tant corporels que spirituels :

- par la Vue, il voit les Trois Personnes divines dans leur Nudité et leur Mouvement :
  - « *Philippe ! Celui qui m'a vu a vu le Père* » *(Jn 14, 9)* ;

- par l'Ouïe, il reconnaît les Trois Voix différentes des Personnes divines, qui forment le Chant d'Amour dans l'incessant Poly-Amour :
  - la Voix du Père ;
  - la Voix du Fils Unique ;
  - la Voix de l'Esprit ;

- par l'Odorat [2], il sent l'Odeur spécifique de chaque Personne divine, Odeur qui est celle du « lit fleuri » qu'est chaque Personne divine pour lui :
  - le Fils est le Parfum du Père [3] ;
  - le Fils est comme le Parfum du Père par l'Onction de l'Esprit [4] ;
  - la bonne Odeur du Christ [5] ;
  - la bonne Odeur de l'Esprit-Saint qu'a perçue Motovilov [1809-1879] ;

- par le Goût, il a un Goût différent de chaque Personne divine : l'Essence divine a un Goût différent selon qu'Elle est sur le Père ou le Fils ou l'Esprit :
  - « *le Fils est la saveur du Père par sa Nature Éternelle et Ineffable* » [6] ;

- par le Toucher, il a un Toucher différent de chaque Personne divine dans l'Étreinte Trinitaire et il est Touché différemment par chaque Personne divine [7].

L'être humain en Dieu Voit, Sent, Goûte, Touche aussi :

- les Fructus Dei qui sont les Fruits d'Amour Produits dans l'Étreinte avec les Personnes divines ;
- et les Semen Dei.

Dans le Poly-Amour, l'être humain vit la Béatitude dans son corps, son cœur, sa conscience et son âme. Son esprit, partie de l'âme très proche de la « *Fine Pointe de l'âme* », vit une Béatitude Ineffable « non sentie » [qui peut se réfracter dans sa conscience].

[1] cette expérience rectifie tout le sensible de l'être humain.

[2] « *la bonté de Dieu a son arôme, comme sa douceur a le sien, et ainsi les autres attributs divins* » (Robert de Langeac, "La vie cachée en Dieu", Médiaspaul, p.124).

[3] Eusèbe de Césarée [env. 265-339].

[4] Cyrille d'Alexandrie [376-444].

[5] « *Nous sommes pour Dieu la bonne odeur du Christ* » *(2 Co 2, 15)*.

[6] saint Bernard de Clairvaux [1090/1091-1153].

[7] le Contact est « *substantiel* » selon l'expression de Jean de la Croix.

7.1.7 Passivité/Activité

« Vers l'Union avec Dieu par Amour » et « Parcourir l'Union avec Dieu » sont classiquement marqués pour l'être humain par la Passivité [1].

Parfois, « *Vers l'Union avec Dieu par Amour* » est le lieu d'une fausse Activité de l'être humain où ce dernier veut atteindre Dieu par ses propres forces.

Dans le « Quatuor », Poly-Amour de l'être humain, du Père, du Fils Unique Incarné et de l'Esprit, l'être humain en Dieu vit classiquement la Passivité en Dieu [2].

Un stade ultérieur de la vie mystique est de quitter par Don de Dieu la seule Passivité [3] en Dieu dans le « Quatuor », l'être humain « entre » alors dans l'Activité :

- c'est pour l'être humain le passage aux Œuvres, à l'Action en Dieu ce qui accroît le Chant d'Amour : ici, l'être humain est Uni avec Dieu dans l'Action ;
- alors, désormais, l'être humain auprès de Dieu Entrelace Activité et Passivité - dans son Jeu Relationnel avec les Trois à la Table du Royaume.

Dans le « Trio », l'être humain en Dieu vit à la fois la Passivité et l'Activité [4].

[1] la Passivité est un Trait Majeur de la Contemplation.

[2] qui caractérise les états mystiques avancés.

[3] ici, Dieu permet à l'être humain de prendre l'initiative du mouvement de l'Action.

[4] l'esprit [la pointe de la conscience] de l'être humain en Dieu reste fixé, quant à lui, dans l'Immobilité divine.

7.2 Relations en Dieu

Voici quelques Qualifications de l'Amour en Dieu :

- Amour Absolu [qui est Paix] : Amour du Fils pour le Père ;
- Amour Infini [qui est Joie] : Amour du Fils pour l'Esprit ;
- Amour Suprême : Amour du Père et de l'Esprit.

S'Y ajoute l'Amour sponsal Anthropique [qui est Complétude de l'humain] : Amour de l'être humain en Dieu pour le Fils Unique Incarné.

7.2.1 Mystères du Poly-Amour

P désigne ici le Père, C le Christ [1], E l'Esprit et H l'Homme.

L'être humain dans le Poly-Amour est généralement dans la Position [2] de C, mais il peut aussi être prendre la Position de P ou E ou être seulement H.

Le Poly-Amour vécu par l'Homme et ses Bien-Aimés se décline :

- à l'image du Poly-Amour du Père, du Fils et de l'Esprit qui comporte les modalités suivantes :

    - P→C [3] et C→P ;
    - C→E et E→C ;
    - P→E et E→P.

    - PCE [4] en tant que P ;
    - PCE en tant que C ;
    - PCE en tant que E.

- à l'image de l'Amour de Soi des Personnes Divines :

    - P⟷P ;
    - C⟷C ;
    - E⟷E.

- auxquelles s'ajoute les Relations directes [5] [6] :

    - H→C ;
    - C→H.

[1] le Fils Unique Incarné.

[2] ce qui veut dire être Configuré à.

[3] Relation du Père au Christ, le Fils Unique Incarné.

[4] Communion et Communication Trinitaire.

[5] il n'y a plus de relation H→H', celle-ci est maintenant vécue comme Relation H→C, C→H ou C→C : « *Et Jésus leur dit : "Les fils de ce monde-ci prennent femme ou mari ; mais ceux qui auront été jugés dignes d'avoir part à ce monde-là et à la résurrection d'entre les morts ne prennent ni femme ni mari."* » *(Lc 20, 34-35)*.

[6] notre Unique Époux est, en effet, le Christ : « *En effet, je vous ai fiancés à un unique époux, au Christ, pour vous présenter à Lui comme une vierge pure* » *(2 Co 11, 2)* et, dans le Christ, le Père et le Saint-Esprit.

7.2.2 Mystères de la Sainte Famille

P désigne ici le Père, F le Fils Incarné et E l'Esprit.

Les Mystères du Poly-Amour permettent d'entrer plus profondément dans les Mystères de la Sainte Famille :

- Joseph [1] uni à Marie : P→E [2] ;
- Marie unie à Jésus : (P/Mère)→F ;
- saint Joseph (P) uni à Marie (P/Mère), vu comme l'Amour de soi du Père : P⟷P.

et tous les autres harmoniques du Poly-Amour dans la Sainte Famille.

[1] en tant que configuré au Père.

[2] ici, Père en Relation avec l'Esprit.

7.2.3 Synchronie et Diachronie

Synchronie et diachronie colorent le Vivre de nos relations en Dieu et avec Dieu.

- dans le maintenant, nous sommes en synchronie :
  - soi en relation à l'autre ;
  - soi dans la position de l'autre en relation à l'autre dans la position de notre soi ;

- par delà le temps et l'espace, nous sommes en diachronie :
  - soi adulte en relation avec le Christ adulte ;
  - soi enfant en relation avec le Christ adulte ;
  - soi adulte en relation avec le Christ enfant ;

- soi enfant en relation avec le Christ enfant ;
- et toutes les relations de personne à personne.

7.3 La Participation à la Vie Trinitaire

En grec, les synonymes de μετεξις ["participation (à Dieu)"], employés par Platon, sont μεταληψις, παρουσια et ομοιωσις.

Ces termes apparaissent dans le Nouveau Testament et se traduisent respectivement par :

- "participation (à un banquet)" ;
- "présence (divine)" ;
- "ressemblance (avec le Royaume et avec Dieu)".

Ceci ouvre d'autant le champ sémantique de κοινωνια ("communion") qui est aussi un synonyme de μετεξις.

7.3.1 Recevoir son Nom de Dieu

Recevoir son Nom de Dieu, c'est le Parachèvement de l'Adoption filiale, c'est « adhérer » à son Archétype en Dieu, c'est devenir Dieu par Participation [1].

Ce Nom est le Nom inscrit dans le Livre de Vie, qui exprime notre Archétype en Lettres d'Or Ineffaçables [2].

« A bon entendeur d'écouter ce que l'Esprit dit aux Eglises : Au vainqueur je donnerai de la manne cachée, et je lui remettrai un caillou blanc sur lequel est écrit un nom nouveau que nul ne connaît, sauf celui qui le reçoit » (Ap 2, 17)

« Le vainqueur sera revêtu ainsi de vêtements de dessus blancs, et je n'effacerai en aucune façon son nom du livre de vie, mais je reconnaîtrai son nom devant mon Père et devant ses anges » (Ap 3, 5)

Cela est un écho du Don par Dieu du Nom de Dieu à Jésus :

« Aussi Dieu l'a-t-il exalté et lui a-t-il donné le Nom qui est au-dessus de tout nom » (Ph 2, 9)

[1] autant qu'il est possible en cette vie.

[2] d'après sainte Marguerite-Marie Alacoque [1647-1690].

7.3.2 L'Aperception de la Vie Trinitaire

L'Aperception de la Vie Trinitaire par l'être humain est bien illustrée par ces propos de Jean de la Croix qui terminent le Cantique Spirituel A.

*« Il est à remarquer que l'épouse ne dit pas que les cavaliers [1] descendaient pour s'abreuver aux eaux mais descendaient "à la vue des eaux". C'est que la partie sensitive et ses facultés sont incapables de goûter proprement et essentiellement les biens spirituels **ni en cette vie ni en l'autre**, n'ayant pas à cet*

effet la capacité voulue. Elles en perçoivent seulement, par redondance, un certain plaisir et une certaine jouissance sensibles. Les sens et les facultés corporelles se prêtent donc simplement au recueillement intérieur dans lequel l'âme reçoit les bien spirituels, ce qui est plutôt descendre à la vue des eaux que de les goûter essentiellement. Ils goûtent seulement, ainsi que nous l'avons dit, par redondance ce que l'âme leur en communique.

L'âme se sert ici de l'expression "descendre", plutôt que de toute autre, pour signifier que toutes ces facultés abandonnent alors leurs opérations naturelles et les **suspendent** *pour entrer dans le recueillement intérieur. » (Jean de la Croix, CS A 39.6, traduction du Cerf)*

Ici, l'être humain configuré au Fils ou à l'une des deux autres Personnes divines comprend cependant la Vie Trinitaire (ou sait de quoi il s'agit) mais dans la Pauvreté radicale en esprit ou de la Conscience [2] [3].

[1] la partie sensitive de l'être humain.

[2] parfois, la mémoire peut être vide.

[3] la Nescience (ou le Nescivi) n'est pas le terme, mais seulement une étape de la Transformation spirituelle : l'être humain passe de la Connaissance à la Nescience qui est suivie d'un nouvel effort pour Connaître Dieu suivi à nouveau d'une Nescience...

7.3.3 Aspiré en Dieu

Face au Père et à l'Esprit, l'être humain en Dieu est Aspiré consciemment en Dieu en Tant que Fils dans le Fils Unique.

7.3.4 Se Recevoir du Père

Se Recevoir du Père :

- en tant que Fils dans le Fils Unique ;
- en tant qu'Esprit dans l'Esprit-Saint.

« *J'ai été appelé, j'ai répondu oui et ne sais où je vais* »

7.3.5 Médiation Trinitaire

Le Père Voit/Perçoit tout à travers Lui et au travers du Fils et de l'Esprit.

Le Fils Voit/Perçoit tout à travers Lui et au travers du Père et de l'Esprit.

L'Esprit Voit/Perçoit tout à travers Lui et au travers du Père et du Fils.

L'être humain tourné vers Dieu Voit/Perçoit tout au travers du Père, du Fils et de l'Esprit.

7.3.6 Initiatives de l'être humain en Dieu

« Sous le pommier je t'ai réveillé, là même où ta mère te conçut, là où conçut celle qui t'a enfanté. » (Ct 8, 5b)

Maintenant, l'être humain en Dieu prend des initiatives [1] en tant que Vivant en Dieu et il exprime à Dieu ses désirs profonds.

Le Bien-Aimé dort (c'est la première fois dans le Cantique des Cantiques) et l'être humain en Dieu Le réveille. Et, là-même où le Bien-Aimé a commencé d'être, il Le rejoint dans son Origine : « Au commencement » (Jn 1)

et/ou

Les Bien-Aimés dorment et l'être humain en Dieu Les réveille. Et, là-même où les Bien-Aimés ont commencé d'être, il Les rejoint dans leur Origine : « Au commencement » (Jn 1).

De cela, Jean de la Croix ne s'y trompe pas qui dit à la fin de la Vive Flamme B : « [...] que j'aimerais mieux n'en point parler et même je me refuse à le faire. Je vois en effet que je suis incapable de l'exprimer et l'on pourrait croire que ce que j'en dirais serait l'expression de la vérité. ».

[1] c'est l'Apostolat divin.

7.4 La Participation de la Nature divine

Dans la Participation de la Nature divine, l'être humain est Immanent à la Transcendance.

Il est Vide et nu [1], il est en Dieu... Il a bénéficié de l'Ascension auprès du Père : il est passé sur l'Autre Rive [2].

[1] cf. les thèmes de Maître Eckhart [1260-1327].

[2] ici, l'être humain est *« passé de ce monde au Père » (Jn 13, 1)*.

7.4.1 Nescience de l'Homme Vide et nu

L'Homme Vide et nu Vit dans la Nescience de ses Contenus de conscience et dans l'Immobilité de son esprit [1].

Toute la Sagesse, l'Intelligence, la Science lui est fournie quand il faut dans le Maintenant par l'Esprit et par Dieu.

L'Homme Vide et nu sait qu'il vit incessamment la Béatitude dans son corps, son cœur, sa conscience et son âme. Son esprit, partie de l'âme très proche de la « Fine Pointe de l'âme », vit une Béatitude Ineffable non sentie [qui peut se réfracter dans sa conscience].

[1] la pointe de sa conscience.

7.4.2 L'Homme Vide et nu peut Prendre les Positions Trinitaires

L'Homme Vide et nu peut Prendre (et Vivre) les Positions Trinitaires - Père, Fils et Esprit - presqu'à volonté [1].

[1] car la volonté de l'Homme Vide et nu est alignée sur celle de Dieu.

7.5 Poésie

Des étapes ont été franchies dans le site depuis le recueil « CHEMINS VERS L'ÉPOUX »[1].

Sont présentés ici huit poèmes.

---

[1] Recueil de poésie mystique de Serge Lanoë [2009-2010].

7.5.1 Le Vin d'Amour

LE VIN D'AMOUR

Dans l'année qui suivit,
Un Vin d'Amour fut émis° [1]
Pour la première fois.

Il [2] en fut bouleversé :
Il avait cru que c'était du sang,
Son propre sang qui coulait.

Alors le Bien-Aimé lui dit :
« Désormais puisque tu es nu d'Amour,
Et que tu Adores dans l'Étreinte,
Tu Participes à ma Passion
Et Tu distilles maintenant un Vin°° [3] d'Amour. »

(d'après le poème « LE VIN D'AMOUR » du recueil « CHEMINS VERS L'ÉPOUX »)

[1] ° émission d'un Semen Dei par l'Homme Vide et nu.

[2] l'Homme Vide et nu.

[3] °° ce Vin est un délice pour le Bien-Aimé : cf. le jus des grenades de Jean de la Croix (Cantique Spirituel B 36-37-38).

7.5.2 Les Trois sont Exigeant

Je [1] portais l'Anneau secret.

Les Trois me dirent : « *Ne crains pas ! Tu vas être mis plus nu encore autant qu'il est possible pour l'instant : nous allons t'enlever pour toujours l'Anneau secret* ».

(d'après le recueil « CHEMINS VERS L'ÉPOUX »)

[1] l'Homme Vide et nu.

7.5.3 La sorte de Myrrhe liquide

Les Trois restèrent longtemps silencieux, puis l'Époux me [1] dit : « Maintenant, je te retire l'*Anneau secret* : tu n'en as plus besoin pour l'Union, je vais t'emmener encore plus loin... ».

« Alors, je sentis une sorte de Myrrhe liquide sur mes mains [2] : je venais de produire pour la première fois la sorte de Myrrhe liquide° [3] comme les Trois. Comment, je ne savais... Suis-je configuré à l'Époux ? ».

(d'après le recueil « CHEMINS VERS L'ÉPOUX »)

[1] l'Homme Vide et nu.

[2] *Ct 5, 5 : « Je me suis levée pour ouvrir à mon bien-aimé, et de mes mains a dégoutté la myrrhe, de mes doigts la myrrhe vierge, sur la poignée du verrou. »*

[3] ° émission d'un Semen Dei par l'Homme Vide et nu.

7.5.4 <u>La Rosée d'Amour</u>

LA ROSEE D'AMOUR

Dans les années qui suivirent,

Les Trois

M'enseignèrent pour que j'apprenne

A me mettre nu d'Amour toujours plus encore.

Or, un jour, je me mis

A distiller la Rosée d'Amour° [1].

Je sus alors comment me mettre nu d'Amour

De plus en plus extrêmement.

...

Le Père s'en réjouit et Il m'ouvrit Toutes Ses Demeures.

Dès lors, les Trois m'introduisirent

A l'Autant qu'il est Possible en Cette Vie°° [2].

(d'après le recueil « CHEMINS VERS L'ÉPOUX »)

[1] ° ici, spirer l'Essence divine.

[2] °° je commençai ici à gravir les Degrés de l'Adoration.

7.5.5 Intimité avec les Trois

INTIMITE AVEC LES TROIS

Dans le Cellier des Trois,
C'est dans leur Lit fleuri
Que nous sommes réunis.

Nous sommes nus d'Amour et, puisque les Trois le veulent,
Je leur donne ma vie
Pour qu'Ils me couvrent de Leur Vie...

Les Trois me disent doucement : « Nous allons faire surgir la Vie divine en toi.
Tu vas éprouver des sensations.
N'étouffe pas tes gémissements. ».

Cela vient de commencer° [1].
Maintenant, Leur Vie triomphe
En butée délibérée contre ma pauvre vie.
La sensation est indescriptible°° [2]
Et le plaisir fulgure°°° [3] à chaque collision.

Et les Trois sont bouleversés par mon chant.
Les Trois aussi ont un Chant
Et quand j'entends les Trois chanter, je suis fou d'Amour.

Initié, suis-je maintenant, au joyeux nu-Amour !

(d'après le recueil « CHEMINS VERS L'ÉPOUX »)

[1] ° ici, l'Étreinte est plus étroite : mais, fallait-il la taire ?

[2] °° en une fruition d'Amour, où mes gémissements sont Ineffables.

[3] °°° en étincelles d'Amour.

7.5.6 Père et Fils

PERE ET FILS

Le Père dit au Fils :

« Tu es Mon Fils : tu as le Full-Access.

Tu Nous veux **Ainsi** dans l'Étreinte Absolue : et Nous le Sommes ! »

7.5.7 Esprit et Fils

ESPRIT ET FILS

L'Esprit dit au Fils :

« Tu es Mon Époux : tu as le Full-Access.

Tu Nous choisis **Ainsi** dans l'Étreinte Infinie : et Nous le Sommes ! »

7.5.8 Père et Esprit

Le Fils ne connaît pas directement l'Étreinte Suprême entre le Père et l'Esprit, Il Y accède indirectement avec pudeur dans la Périchorèse.

Il ne se sent pas autorisé à en parler.

7.5.9 Père, Fils, Esprit

PERE, FILS, ESPRIT

Les Trois et l'Homme Se Traversent, S'Aspirent et S'Expirent, S'Émettent et S'Exsudent.

Chacun S'Oint des Trois Autres sur Lui et en Lui.

Chacun Oint de Lui les Trois Autres sur Eux et en Eux.

7.6 <u>Adorer</u>

L'Adoration est une culmination du chemin spirituel et mystique.

« C'est le Seigneur, ton Dieu, que tu adoreras, et à Lui seul tu rendras un culte » (Mt 4, 10)

« Jésus lui dit : " Tu aimeras le Seigneur ton Dieu de tout ton cœur, de toute ton âme et de tout ton esprit" » (Mt 22, 37)

« Celui-ci répondit : " Tu aimeras le Seigneur, ton Dieu, de tout ton cœur, de toute ton âme, de toute ta force et de tout ton esprit ; et ton prochain comme toi-même. " Tu as bien répondu, lui dit Jésus ; fais cela et tu vivras » Lc (10, 27-28)

Il y a donc quatre Degrés majeurs dans l'Adoration :

- Adorer de tout son cœur ;
- Adorer de toute son âme ;
- Adorer de toute sa force ;
- Adorer de tout son esprit.

Silence

L'être humain en Dieu est d'abord silencieux en compagnie des Trois : il Contemple et Adore.

Partage de la Communauté de Vie des Trois

Puis, il Adore en Acte en Partageant la Communauté de Vie des Trois.

7.7 Fleurir en Dieu

Dieu a éclos en l'Homme : maintenant, l'Homme éclôt en Dieu [1].

[1] comme un *« dieu en fleur » (Robert de Langeac, "Vous... mes amis", Médiaspaul, p. 96).*

7.7.1 Le Full Access

Le Full Access [1] correspond à un Accès Sans Conditions à Tous les Mondes, à Tous les Temps, qui est donné par Dieu à l'être humain : l'être humain partage alors la Royauté avec Dieu.

Ici, l'être humain en Dieu, en tant qu'Épousé par Dieu, reçoit de Dieu un Full Access. Il en fait de même en retour envers Dieu sur son être, son corps et ses possessions.

Alors, l'être humain a accès à la Totalité de la Cité de Dieu, à la Totalité du Royaume et peut accéder quand il le désire auprès de Dieu et en Dieu [2].

[1] Plein Accès.

[2] son corps qui se sanctifie est son char céleste [en hébreu Merkabah] qui lui permet d'accéder à ces Mondes et auprès de Dieu et en Dieu.

7.7.1.1 *L'Echelle de Jacob*

L'être humain en Dieu « voyage » entre la Terre et le Ciel dans les mondes du Royaume [1] :

- en une Ascension de la Terre vers le Ciel ;
- en une Descente du Ciel vers la Terre.

[1] son corps est son char céleste [en hébreu Merkabah] qui lui permet d'accéder à ces mondes.

7.7.1.2 *Multidimensionnalité*

Dans le Full Access, l'être humain vit aussi :

- la configuration au Fils Incarné dans la participation au Christ ;
- la configuration au Père ;
- la configuration à l'Esprit

et, plus généralement :

- la configuration à tous les êtres humains ;
- la configuration à tous les êtres ;
- la configuration à toutes les choses ;
- la configuration au Cosmos.

L'être humain unifié en Dieu vit en simultanéité toutes ces configurations, en une multidimensionnalité de vécu pour lui :

« Toute chose dans le ciel intelligible est ciel ; là, la terre est ciel comme le sont les animaux, les plantes, les hommes et la mer. Ils contemplent un monde qui n'a pas été engendré. Chacun se voit dans les autres. Il n'y a rien en ce royaume qui ne soit diaphane. Rien n'est impénétrable, rien n'est opaque et la lumière rencontre la lumière. Tous sont partout à la fois et tout est tout. Chaque chose est toutes les choses, le soleil est toutes les étoiles, et chaque étoile est toutes les étoiles et le soleil »" (Plotin « Ennéades », Livre V : *avec les limites de son expression néo-platonicienne*)

7.7.2 __Un double mouvement__

L'Approfondissement de l'Union de Dieu et de l'être humain comporte un double mouvement :

- Dieu pénètre de plus en plus dans l'Épaisseur de l'être humain ;
- l'être humain pénètre de plus en plus dans l'Épaisseur de Dieu.

Cet Approfondissement se déploie dans :

- l'Anthróposation ;
- la Christification ;
- l'Ecclésiation ;
- la Trinitarisation ;
- la Participation de la Nature divine.

7.7.2.1 *Envahissement de l'être humain par Dieu*

L'Approfondissement par Dieu de Son Union avec l'être humain consiste en un Envahissement progressif de tout l'être humain par Dieu.

Ici, la Trinité pénètre l'être humain et, dans une « dimension érotique », les ouvertures de l'être humain [1] [2].

« On peut comprendre alors pourquoi le combat spirituel est à la fois tellement simple et tellement compliqué. Le secret de la vie chrétienne et de la sainteté, c'est quelque chose d'extrêmement simple parce que c'est la vie divine : nous n'avons pas à la fabriquer ni même à courir après, il suffit de la laisser grandir en nous, de la laisser faire, de se laisser faire par la puissance formidable qui la pousse à grandir.

C'est la plus petite de toutes les graines : mais si nous ne lui faisons pas obstacle, elle se chargera bien de nous envahir. Nous n'aurons pas à tirer des plans pour obtenir cet envahissement, il s'imposera à nous, nous n'aurons qu'à suivre, et ce sera suffisamment essoufflant car les exigences internes de cet envahissement iront infiniment plus loin que tout ce que les autres peuvent nous demander... beaucoup plus loin même que tous nos rêves de perfection » (du Père Molinié)

[1] Ouvertures, orifices pénétrés
- bouche ;
- narines ;
- oreilles ;
- ...

[2] cf. le poète Richard Crashaw [ca. 1613–1649].

7.7.2.2 Envahissement de Dieu par l'être humain

L'Approfondissement par l'être humain de son Union avec Dieu consiste en un Envahissement progressif de Dieu par l'être humain [1].

Ici, l'être humain pénètre Dieu [2] et, dans une « dimension érotique », les ouvertures de Dieu [3] [4].

Ici, l'être humain, configuré à l'Esprit, Vole en Dieu et Explore Dieu.

[1] ici, l'être humain Ascensionne ou Assomptionne.

[2] il peut ressentir une progression dans la Gloire « dense » de Dieu.

[3] Ouvertures, orifices pénétrés

- bouche ;
- narines ;
- oreilles ;
- Cœurs transpercés des Trois ;
- ...

Dans le cas du Christ, Ses Plaies sont des Ouvertures.

[4] cf. le poète Richard Crashaw [ca. 1613–1649].

7.7.2.3 Anthróposation

« *Au terme [...], nous devons parvenir, tous ensemble, à ne faire plus qu'un dans la foi et la connaissance du Fils de Dieu, et à constituer cet Homme parfait, dans la force de l'âge, qui réalise la plénitude du Christ.* » *(Ep 4, 13)*

L'Anthróposation [1] de l'être humain est le déploiement de la créature qu'est l'être humain vers sa stature d'homme parfait [2].

Pour l'être humain, l'humanisation parfaite aboutit à la divinisation : « *Il voulut atteindre la stature de l'homme parfait et c'est en Dieu qu'il a abouti* » (Rûmî, un soufi - mystique musulman).

[1] ou Humanisation.

[2] l'anthrópos.

7.7.2.4 *Christification*

Dieu offre constamment la Christification [1] à l'être humain dans le maintenant.

L'être humain vit la Christification dans la Foi [2].

[1] ou Divino-Humanisation.

[2] Foi qui peut être relativement claire.

7.7.2.5 *Ecclésiation*

Le cheminement vers Dieu possède une dimension individuelle (et, elle est importante) : mais, les réalités du Royaume de Dieu et de la Cité de Dieu nous invitent à progresser ensemble [l'Ecclésiation].

Ici, le thème du Peuple de Dieu est essentiel ainsi que ceux du Corps du Christ et de la Communion des saints.

Pratiquement, cela suppose que nous nous engageons à progresser sur notre chemin de vie aussi avec les autres en petits groupes ou en communautés fraternelles : c'est l'Ecclésiation.

Cela signifie aussi que, vraisemblablement, certains paliers ne peuvent être franchis qu'en faisant appel au **We-space** [l'« espace du nous »].

7.7.2.6 *Trinitarisation*

Dieu offre constamment la Trinitarisation [1] à l'être humain dans le maintenant par l'intermédiaire d'une Unité sponsale avec une des Personnes de la Trinité [2].

L'être humain vit la Trinitarisation dans la Foi [3].

[1] Configuration à la Trinité.

[2] cette Unité sponsale ouvre normalement l'être humain, par la suite, à l'Unité sponsale consciente avec chacune des Trois Personnes de la Trinité.

[3] qui peut être relativement claire.

7.7.3 Développement en Dieu de la Personne Humaine

Le Développement en Dieu de la Personne Humaine a lieu dans le **We-space** et plus particulièrement le We-space divin [1].

La Personne Humaine est fondamentalement un Nœud de Relations dans le We-space.

« Au terme [...], nous devons parvenir, tous ensemble, à ne faire plus qu'un dans la foi et la connaissance du Fils de Dieu, et à constituer cet Homme parfait, dans la force de l'âge, qui réalise la plénitude du Christ. » (Ep 4, 13)

[1] la Trinité.

7.7.3.1 *Le Creuset de l'Étreinte des Trois*

L'être humain en Dieu est formé dans le Creuset de l'Étreinte des Trois.

7.7.3.2 *La Grâce*

La Grâce accueillie est essentielle pour l'être humain pour son Développement.

7.7.3.3 *Le Je*

Le Je humain possède deux Dimensions :

- un Je comme Présence à soi, au réel, aux autres, à Dieu... ;
- un Je comme Acte de Construction de soi [1] au cours de son Évolution et de l'Évolution du réel.

[1] on peut consulter ici « The Unique Self » de Marc Gafni, 2012.

7.7.3.4 *L'amour de soi*

L'être humain en Dieu, Bien-Aimé de Dieu, s'aime lui-même pour l'Amour de Dieu.

7.7.3.5 *L'Homme, un Vivant en Dieu*

L'Homme en Dieu est Unifié et Intégralement Vivant :

- dans sa dimension personnelle :
    - corporelle/sensorielle ;
    - instinctuelle ;
    - émotionnelle ;

- affective ;
- mentale/intellectuelle/cognitive ;
- psychologique [dont la volonté et la mémoire consciente et inconsciente] ;
- âme ;
- conscience/esprit ;

- dans la dimension interpersonnelle et collective :
  - relationnelle/communicationnelle ;
  - don de soi :
  - spirituelle et mystique ;
  - la multi-dimensionnalité ;
  - humano-divine [le « je suis »] ;
  - dans la dimension intriquée [non-duelle avec la Trinité] ;

- dans la dimension environnementale ;

- dans la dimension synergielle :
  - action ;
  - service ;
  - leadership de service ;

- dans la participation au We-space divin [la Trinité].

Ici, tout l'être humain est rectifié : il évolue avec aisance, fluidité et maîtrise.

7.7.3.6 Vivre dans le We-space

Vivre dans le dans le **We-space** [1] est un Acte triple :

- [Voir/Percevoir/Contempler, Agir, Aimer].

*	Voir/ Percevoir/ Contempler	Agir	Aimer
Présencier	Contempler	Prototyper	Amour de soi
Relationner	Témoigner/ Vérifier [2]	Réaliser	Amour du prochain
Communiquer	Transmettre	Rendre compte/ Gouverner	Vérité
Agir	Co-créer	Co-créer	Justice
Synergier	Enseigner	Bâtir	Communion
Intriquer	Éveil	Transfiguration du We-space	Donation de soi
le El	Contempler Dieu	Faire la Volonté de Dieu	Adorer/Union avec Dieu

[1] qui est uni avec le We-space divin, le El.

[2] dans la Communauté.

7.7.3.7 Dieu donne la Force

« *St. Francis refused to exclude anything. He had a genius for not eliminating the negative, but incorporating it* » Richard Rohr [1943-].

La métaphore de la Pierre travaillée en quatre étapes illustre le Travail d'élaboration que peut faire l'être humain [1] sur sa conscience, ses pensées, ses désirs - quand c'est nécessaire :

> 1. travail de l'ombre et de la négativité qui est la Pierre Brute : ne pas éviter, faire face, affronter le Dragon si on est prêt [2] ;

2. Pierre Taillée en cours de Polissage : purification [3] ;

3. Pierre en cours de Finition : épuration, finition [4] ;

4. obtention de la Pierre [Philosophale] : fin de la transmutation et intégration en soi [5].

[1] Dieu lui donne la Force de résister au démon.

[2] Œuvre au Noir de l'Alchimie spirituelle.

[3] Œuvre au Blanc de l'Alchimie spirituelle.

[4] Œuvre au Jaune de l'Alchimie spirituelle.

[5] Grand Œuvre ou Œuvre au Rouge de l'Alchimie spirituelle.

7.7.3.8 La Croix

La Croix pour l'être humain est la souffrance qui lui est infligée par le monde - ou qu'il s'inflige lui-même.

7.7.3.9 Jésus en Pleurs

Jésus et l'être humain en Dieu est en Pleurs face aux péchés du monde, face aux péchés de l'Église [1].

Ici, Jésus est Consolé par Son Bien-Aimé/Sa Bien-Aimée.

[1] *« Il est à noter que la peine et la tristesse qu'elle ressentait ne procédaient d'aucunes passions, qui étaient entièrement amorties en elle ; aussi ne la ressentait-elle point dans la partie sensitive de l'âme : c'était dans la plus intime et dans la partie supérieure, qui ne communiquait rien de ceci aux sens ; et partant, elle lui était, comme elle le disait, incomparablement plus vive et plus pénétrante que si les sens y eussent eu part ; et cette tristesse ne diminuait en rien de la joie et des contentements dont elle jouissait avec son céleste Époux »* de la servante de Dieu, Armelle Nicolas [1606-1671] dans "Le Triomphe de l'Amour divin", Sources Mystiques, p. 189, Centre Saint-Jean-de-la-Croix, 2012.

7.7.3.10 De Degrés en Degrés

Les Trois emmènent l'Homme de plus en plus loin et le Dénudent de plus en plus...

Ici, par Don de Dieu, l'Homme progresse maintenant de Degrés en Degrés [1] :

Degrés de Nescience [2] :

- Nescience par rapport au monde ;
  - Nescience par rapport aux Dogmes ;
  - Nescience par rapport à sa propre Expérience ;
  - Simplification de la Compréhension de l'Écriture ;
  - ...

- Degrés de Pauvreté en esprit ;
- Degrés de Pureté de Cœur ;
- Degrés de Foi [où la Vision et la Perception de Dieu se développe et s'affine] ;
- Degrés de Nudité ;
- Degrés d'Amour :
  - Les Sept Degrés de l'Échelle d'Amour Spirituel (Ruysbroeck) ;
  - ...

- Degrés d'Adoration ;
- ...

Le Fruit de l'Esprit en l'Homme s'approfondit aussi : « *Le fruit de l'Esprit, c'est l'amour, la joie, la paix, la patience, la bonté, la bienveillance, la foi, la douceur, la maîtrise de soi* » *(Ga 5, 22)*.

Ici, il y a Affinement, Purification, Dénudation, Floraison de plus en plus poussés de la Personne Humaine en Dieu.

[1] cf. François de Sales [1567-1622], Marie de l'Incarnation [1599-1672], Armelle Nicolas [1606-1671], ...

[2] la Nescience (ou le Nescivi) n'est pas le terme, mais seulement une étape de la Transformation spirituelle : l'être humain passe de la Connaissance à la Nescience qui est suivie d'un nouvel effort pour Connaître Dieu suivi à nouveau d'une Nescience....

7.7.3.11 *Jusqu'au dernier sou*

« *Amen, je te le dis : tu n'en sortiras pas avant d'avoir payé jusqu'au dernier centime.* » *(Mt 5, 26)*

Ce verset indique que pour atteindre « ultimement » Dieu la purification doit être achevée.

Certes, cette purification est d'abord l'Œuvre de Dieu, mais elle suppose notre collaboration : ici, il est fondamental que nous n'hésitions pas à nous confronter de plus en plus complètement aux zones d'Ombre de notre psyché [1].

[1] ne pas éviter, faire face, affronter le Dragon si on est prêt.

7.7.3.12 La Sequela Christi

La Sequela Christi, c'est la suite du Christ, c'est refaire à sa façon singulière les Fondamentaux de la Vie du Christ, donner à manger aux autres et se donner à manger aux autres [1] :

- Prêcher ;
- Faire des miracles ;
- Conseiller les gens ;
- Supporter les gens (souffrance, patience,...) ;
- Former le collège apostolique ;
- Prier pour les hommes, les porter vers le Père.

Là, on est comme pris par l'urgence brûlante et quotidienne du Salut.

[1] communication de Jean Khoury.

7.7.3.13 Mutualité

La mutualité est classiquement la solidarité basée sur l'entraide entre les personnes.

Mutualité [1] est employé ici pour qualifier ici la Communication et la Communion Trinitaire et son Implication comme Modèle dans la sphère humaine.

Dans la Tradition Orthodoxe, les Personnes Divines Communiquent et Se Communiquent en Échangeant les Énergies divines [2] [3].

[1] « Mutuality : The Human Image of Trinitarian Love », Mary Timothy Prokes, Paulist Press, 1993.

[2] qui sont Incréées.

[3] Maxime le Confesseur [580-662] donne, en particulier, deux Caractérisations de ces Énergies : la Gloire et la Lumière.

7.7.3.14 Colorations

L'Esprit-Saint investit de Sa Divinité l'être humain en Dieu.

Le Fils Unique Incarné « efface » l'être humain en Dieu.

Le Père dans Son Toucher de l'être humain en Dieu lui Confère Sa Ressemblance.

7.7.3.15 L'être humain, Jumeau de Jésus

```
Ô nuit qui m'as guidée !
Ô nuit plus aimable que l'aurore !
Ô nuit qui as uni
Le Bien-Aimé avec l'Aimée,
L'Aimée en son Bien-Aimé transformée.
```

(Jean de la Croix, Poésie « La Nuit Obscure »)

Maintenant, l'être humain est transformé en Jésus : il est Son Jumeau.

Plus l'être humain Fleurit en Dieu, plus ce qui est dit de Jésus dans l'Évangile s'applique à lui : ici, l'être humain entendant parler de Jésus se dit « **est-ce Toi, est-ce moi ?** ».

7.7.3.16 La Relation de Marie et de Jésus

4e Station du Chemin de Croix : Jésus rencontre Marie sa Très Sainte Mère

Les aspirations dévotionnelles de la fin du Moyen-âge insistent sur une relation directe, immédiate, entre le fidèle et le Christ, le modèle ultime étant la relation de Marie et de Jésus et la souffrance partagée par la Mère avec son Fils : cette relation s'exprime différemment selon que l'on se trouve en Bourgogne, en Champagne ou en pays ligérien...

Marie est issue de Jésus dans son appartenance à l'Église, car l'Église naît du côté transpercé de Jésus sur la Croix.

7.7.3.17 La Vérité de l'humain

Aller vers sa Vérité Personnelle, vers la Vérité de l'humain découle du Vécu « en pneumati kai aletheia » [1] [2] de la Présence [3].

Ici, l'être humain en Dieu dans sa Pauvreté est toujours en chantier et accepte d'avancer dans l'Inconnu et dans l'Ouvert et il Y articule son humanité et son animalité.

[1] « en esprit et en Vérité ».

[2] « ἐν πνεύματι καὶ ἀληθείᾳ » (Jn 4, 23).

[3] donc sans se refuser à Dieu.

7.7.3.18 L'Imprévisibilité

Pour l'être humain, la Vie avec Dieu ou en Dieu est fondamentalement **imprévisible**.

7.7.4 **L'Action en Dieu**

Lorsqu'on est « arrivé » au sommet de la montagne, ceci ne signifie pas que l'on se repose. On mesure la puissance de la contemplation à rien d'autre qu'à la vigueur de l'action qui en découle. L'action devient une composante importante de la vie alors menée et est faite pour la gloire de Dieu.

C'est en se sens que le mystique devient co-créateur (et co-rédempteur) avec Dieu. Mais ses actions ne sont plus seulement les siennes propres, elles deviennent humano-divines : Dieu s'exprime aussi au travers de ces actions qui sont alors démultipliées et ont un impact gigantesque dans le plan divin. Les saints sont souvent de « grands bâtisseurs » et apparaissent infatigables. Ils participent pleinement à l'œuvre de la Création. Ils témoignent de leur engagement dans la Création pour qu'advienne le Royaume de Dieu.

L'Union avec Dieu se parcourt alors en toute innocence, en toute humilité, en toute tranquillité, sans se préoccuper des fruits de l'action. On y développe l'art de l'écoute, donc l'art du silence. On s'y méfie des vains jeux conceptuels de l'esprit parce que cela est source de dispersion mentale.

 « *O mes sœurs, quel oubli de son repos, quel mépris de son honneur, quel éloignement de toute recherche d'estime, chez l'âme qu'habite si particulièrement le Seigneur ! Comme elle vit beaucoup avec Lui, il est juste qu'elle ne pense guère à elle-même ; sa mémoire s'emploie toute à chercher le meilleur moyen de Le contenter, que faire dans ce but, et comment Lui montrer son amour. Tel est le but de l'oraison, mes filles ; voilà à quoi sert le mariage spirituel : donner toujours naissance à des œuvres, des œuvres.* »

(sainte Thérèse d'Avila, Le château intérieur, Septièmes Demeures, IV, 6)

7.7.5 L'être humain comme Arbre de Vie

« *Il leur proposa une autre parabole : " Le Royaume des Cieux est semblable à un grain de sénevé qu'un homme a pris et semé dans son champ. C'est bien la plus petite de toutes les graines, mais, quand il a poussé, c'est la plus grande des plantes potagères, qui devient même un arbre, au point que les oiseaux du ciel viennent s'abriter dans ses branches. "* » *(Mt 13, 31-32)*

L'être humain en Dieu a maintenant la Stature Adulte d'un Arbre de Vie planté dans le Cœur de Dieu : il Fleurit et Embaume et Donne du Fruit.

7.7.5.1 *Les Arbres de Vie dans l'Apocalypse*

« *Puis l'Ange me montra le fleuve de Vie, limpide comme du cristal, qui jaillissait du trône de Dieu et de l'Agneau. Au milieu de la place de part et d'autre du fleuve, il y a des arbres de Vie qui fructifient douze fois, une fois chaque mois ; et leurs feuilles peuvent guérir les nations.* » *(Ap 22, 1-2)*

7.7.5.2 *La Sève de l'Arbre de Vie*

L'être humain en Dieu a la Stature d'un Arbre de Vie dont la Sève est l'Essence divine ou l'Esprit.

7.7.5.3 *La Vigne*

« *Je suis la vigne véritable et mon Père est le vigneron. Tout sarment en moi qui ne porte pas de fruit, il l'enlève, et tout sarment qui porte du fruit, il l'émonde, pour qu'il porte encore plus de fruit. [...] Demeurez en moi, comme moi en vous. De même que le sarment ne peut de lui-même porter du fruit s'il ne demeure pas sur la vigne, ainsi vous non plus, si vous ne demeurez pas en moi. Je suis la vigne ; vous, les sarments. Celui qui demeure en moi, et moi en lui, celui-là porte beaucoup de fruit ; car hors de moi vous ne pouvez rien faire.* » *(Jn 15, 1..5)*

7.7.6 Divinisation

Un Palier de la Divinisation, pour l'être humain, est l'Intégration et l'Unification en soi de tous les Niveaux de Réalité et de toutes les composantes de son être (corps, Cœur, âme, esprit...).

Cette Intégration et Unification configure l'être humain au Dieu Trinitaire.

7.7.6.1 Une conscience et un cœur renouvelés

Le Désir du Saint Esprit c'est que nous ayons en nous les sentiments de Jésus Christ : « *Ayez en vous les mêmes sentiments qui sont dans le Christ Jésus* » *(Ph 2, 5).*

Dans notre Transformation en Christ, le Saint Esprit nous fait devenir de plus en plus saints et nous donne une conscience et un cœur renouvelés de plus en plus proche de la conscience et du cœur du Christ :

- une intelligence transformée ;
- des sens transformés ;
- un cœur transformé ;
- ...

« *Every holy thought is a gift of God, the inspiration of God, the grace of God* » St. Ambrose

« *It is by God's Grace that you think of God* » Ramana Maharshi *[1879-1950]*

7.7.6.2 Sensorialité

Dans l'Union, l'être humain éprouve sa sensorialité sous le mode humano-divin (cette sensorialité a la richesse de celle du Cantique des Cantiques).

L'être humain vit alors sa sensorialité de manière Divine : ici, toutes les sensations sont vécues ainsi - même la douleur, le cas échéant.

Cette sensorialité est Béatitude fruitive [1].

[1] du latin fruitio : jouissance.

7.7.6.3 Structure divinisée de la psyché humaine

La dimension archétypale est classiquement en lien avec la dimension des symboles, des mythes, des mythologies... et de leurs relations et intrications.

Une dimension importante de la structure de la psyché est la dimension archétypale.

La divinisation de l'être humain simplifie de façon drastique la structure de sa psyché : la structure archétypale de la psyché est alors organisée autour de trois Noyaux archétypaux [1] réfléchissant la dimension et la dynamique Trinitaire.

L'être humain en Dieu [a conscience de] [Voit] la structure archétypale de sa psyché - en tant que structure divinisée.

« Eh bien nous, nous avons la pensée du Christ ! » (1 Co 2, 16)

[1] un modèle de ces trois Noyaux peut être - mais non exclusivement : la Mémoire, l'Entendement, la Volonté mûs par l'Espérance, la Foi et la Charité (saint Augustin [354-430]).

7.7.6.4 *Inquiry*

L'être humain en Dieu sait « décoder » [1] l'expérience ou l'événement qu'il vit dans sa psyché « divinisée » - et qu'il sait être :

- expérience dans sa pyché : **(icône de la) Vie avec les Trois** ;
- événement dans sa psyché : **(icône du) Vécu du Royaume**.

Pour l'être humain en Dieu, ce décodage va acquérir, durant sa vie humaine, de plus en plus de profondeur.

[1] *en anglais, to inquire.*

7.7.6.5 *Le Dieu-Événement*

Pour l'être humain en Dieu, Dieu est un Événement dans le Maintenant [1] [2].

Le Dieu-Événement dans la Donation Continuelle et Totale de Dieu à l'être humain sature [3] [4] sa conscience dans le Maintenant.

Voir ici le Désir fou de Dieu de se Donner à moi : c'est le point de départ.

Pour le chrétien tourné vers Dieu [5], le contenu de sa conscience **quel qu'il soit** est l'Icône du Dieu-Événement [6] et dépend :

- de son Développement d'être humain ;
- de son niveau de Transformation en Christ.

Cette Icône est au moins une Image 3D « parfumée » de sensations.

Ici, le Dieu-Événement [7] peut apparaître/opérer dans sa conscience comme :

- un Nom de Dieu :
    - Amour ;
    - Lumière ;
    - Vérité ;
    - Paix ;
    - Joie ;
    - Justice ;
    - …

- Dieu qui agit :
    - Sanctificateur ;
    - Sauveur ;
    - Libérateur ;
    - Guérisseur ;
    - Purificateur ;
    - Consolateur ;
    - …

- Dieu dans un Rôle :
    - Roi ;
    - Époux ;
    - Frère ;
    - Ami ;
    - …

- comme une Personne divine :
    - Père ;
    - Fils Incarné ;
    - Esprit-Saint

- comme l'Essence divine (la Trinité indivise) ;

- …

[1] cette position recoupe celle du théologien John D. Caputo [1940-].

[2] naturellement, Dieu en soi ne peut être qualifié comme Événement.

[3] Donation et Saturation sont des concepts empruntés à Jean-Luc Marion [1946-].

[4] cette saturation peut faire éprouver l'Ivresse ou la Béatitude.

[5] qui accepte Dieu qui (veut) se Donne(r) et qui, dans sa liberté, se redonne lui-même à Dieu.

[6] ce contenu de conscience est Contemplation, Fruition, Délices, Béatitude en tant que tel.

[7] cet Événement est fondamentalement Ineffable.

7.7.6.6 *Le Royaume-Événement*

Le Royaume, pour l'être humain en Dieu, est un Événement dans le Maintenant.

Pour le chrétien tourné vers Dieu [1], le contenu de sa conscience quel qu'il soit est l'Irruption dans sa conscience du Royaume-Événement (Agir de Dieu) [2] et dépend :
- de son Développement d'être humain ;
- de son niveau de Transformation en Christ.

Le Royaume-Événement [3] peut apparaître/opérer dans sa conscience comme :

- Perception de Dieu ;
- Incarnation d'un Nom de Dieu [**4**] ;

- Adoption comme Fils ;
- Union avec Dieu ;
- Étreinte avec Dieu ;
- Participation à la Vie Trinitaire ;
- Configuration aux Personnes divines ;
- Participation de la Nature divine ;
- Transformation en Christ ;
- Crucifixion à cause de Jésus ;

- Vie Éternelle ;
- Résurrection ;
- Ascension ;
- Pentecôte ;
- Parousie ;

- Mariage spirituel ;

- Festoiement des Noces de l'Agneau ;

- ...

[1] qui accepte Dieu qui (veut) se Donne(r) et qui, dans sa liberté, se redonne lui-même à Dieu.

[2] ce contenu de conscience est Contemplation, Fruition, Délices, Béatitude en tant que tel.

[3] cet Événement est fondamentalement Ineffable.

[4] Paul dit : *« le Royaume de Dieu [...] est justice, paix et joie dans l'Esprit Saint » (Rm 14, 17)* : ici, les Noms de Dieu (Justice, Paix, Joie...) qualifient aussi le Royaume.

7.7.6.7 Niveau META

L'être humain en Dieu opère sur deux niveaux « divinisés » - plus un :

- le niveau empirique : niveau des contenus de sa psyché [1] ;

- le niveau META [niveau de la personne] [2] :
  o soi ;
  o relation aux contenus de sa psyché [3] ;
  o relation à soi, à son corps, à sa psyché... ;
  o relations aux autres ;
  o ...

- le niveau META II :
  o prendre la position d'une autre personne ;
  o prendre la position d'un autre être [vivant ou inanimé] ;
  o ...

[1] ou contenus de sa conscience.

[2] ce niveau est en particulier celui de la Foi et de la Nescience.

[3] signalons ici que le « corps » de l'être humain lui apparaît au travers de sa psyché.

7.7.6.8 La Transformation du Corps

Dieu, par Grâce, nous divinise pour nous faire Son Égal.

Au fur et à mesure que nous progressons vers la Sainteté sur notre chemin de Vie avec l'aide de la Grâce, notre corps se modifie drastiquement : il est purifié, sanctifié, pneumatisé et en voie de transfiguration dans sa matérialité et sa physiologie mêmes. [1]

Ici, l'être humain ascensionne ou assomptionne [2] (si l'on préfère cette dernière expression).

[1] *notons, ici, Sri Aurobindo (1872-1950) : l'innovation d'Aurobindo dans le domaine spirituel tient surtout au fait que pratiquer son yoga intégral permet non seulement d'aller vers le Divin, mais aussi d'accueillir en soi l'énergie divine, dans le but de manifester pleinement la conscience divine dans la matière.*

[2] notre corps qui se sanctifie est notre char céleste [en hébreu Merkabah] qui nous permet d'accéder auprès de Dieu.

7.7.6.9 La Kénose

Dieu, par Grâce, nous divinise pour nous faire Son Égal.

Ces Paroles de Paul appliquées au Christ s'appliquent alors maintenant à nous, aussi, dès lors que nous avons reçu ce Don de Dieu. [1] [2]

Lettre de saint Paul Apôtre aux Philippiens 2,5-11

« Frères, ayez entre vous les dispositions que l'on doit avoir dans le Christ Jésus :

lui qui était dans la condition de Dieu, il n'a pas jugé bon de revendiquer son droit d'être traité à l'égal de Dieu ;

mais au contraire, il se dépouilla lui-même en prenant la condition de serviteur.

Devenu semblable aux hommes et reconnu comme un homme à son comportement, il s'est abaissé lui-même en devenant obéissant jusqu'à mourir, et à mourir sur une croix.

C'est pourquoi Dieu l'a élevé au-dessus de tout ; il lui a conféré le Nom qui surpasse tous les noms,

afin qu'au Nom de Jésus, aux cieux, sur terre et dans l'abîme, tout être vivant tombe à genoux,

et que toute langue proclame : « Jésus Christ est le Seigneur », pour la gloire de Dieu le Père. »

En parcourant l'Union avec Dieu, nous vivons la Gloire du Christ et Son Ascension auprès du Père, mais aussi, en cette vie, Sa Descente et Ses Abaissements - en une kénose et une impression de stigmates.

[1] Kénose : du grec kenosis : vide, dépouillé. Terme technique du langage théologique ayant pour origine le verbe grec kénoô, utilisé par Saint Paul (Ph 2, 6-7) pour signifier le dépouillement du Christ dans son humanité.

Dans la théologie catholique, la Kénose désigne donc le fait pour le Fils, tout en demeurant Dieu, d'avoir abandonné en son Incarnation tous les attributs de Dieu qui l'auraient empêché de vivre la condition ordinaire des hommes.

[2] en fait, il s'agit moins d'une Kénose que d'une Vie Paradoxale : Surnaturelle et Glorieuse... et, à la fois, ordinaire avec d'éventuelles tribulations.

7.7.6.10 La Dénudation

Dieu fait de nous un être nu, une terre brûlée par l'Amour...

Puis, Dieu nous emmène plus loin et nous dénude de plus en plus...

7.7.6.11 La Blessure

L'être humain ne sera jamais Absolument Dieu.

C'est là sa Blessure (il est ici crucifié par Amour comme Jésus), mais aussi le moteur de son Désir et de ses Délices (l'Union s'approfondit constamment) : de sa Blessure coule l'Esprit et l'Essence divine.

Alors, il s'offre à Dieu en sacrifice parfait et Dieu ouvre en ce monde le Désir de l'être humain où l'être humain s'épanouit, fleurit et trouve son achèvement.

7.7.6.12 Theosis

Si l'on considère les différents Modèles de Développement de l'être humain, y compris les Modèles mystiques chrétiens, la Divinisation *(Theosis)* apparaît comme un « accident », lié à la Volonté/Liberté de Dieu, dans le Parcours de l'être humain.

La survenue de cet « accident » ne dépend pas a priori de l'« Endroit » où l'on serait dans un Modèle de Développement.

Naturellement, l'être humain peut se disposer afin que cet « accident » soit susceptible de lui arriver.

7.7.6.13 L'être humain en Dieu est Amour

L'être humain en Dieu, créé à l'Image et selon la Ressemblance de Dieu, est Amour : car Dieu est Amour.

« *Il m'a menée vers la maison du vin : l'enseigne au-dessus de moi est Amour* ». *(Ct 2, 4)*

8 POEMES

8.1 HARMONIE II

HARMONIE II

J'ai réalisé une alchimie avec une alliance de platine,
Un bracelet d'argent et un anneau de chrome
En activant le symbolisme des cathédrales.

A l'aéroport, le grand œuvre fut imprévu,
Et ma pensée devient d'or.
Mais en Suède, tout fut inversé.

Eclat dans le cœur qui fulgure,
Ses diastoles et systoles deviennent harmonie
D'une création qui commence et s'achève
Sans parler des baisers.

Les rapports sont saisis et durent lentement.
La corolle d'un obus-vase sur la cheminée
Est ciselée comme la molette
De la lampe à pétrole juste à côté.

Maintenant que toute parole signifie l'extrême,

Même à la cantine,

Il n'y a pas de jeu, rien qu'un doux acquiescement.

Par pudeur, la souffrance n'est pas regardée.

Car la beauté coule par tous les pores du réel

Telle une myrrhe liquide.

Serge Lanoë - février 1996 - Éclats

8.2 INTERMITTENCES

INTERMITTENCES

C'est décidément qu'il faut marcher dans la ville céleste,

Car toute hésitation la fait disparaître.

Certes, on ne sait jamais comment y entrer

Mais puisque tu l'as vue, tu sais la reconnaître.

Parfois, un excès de lumière te signale le passage

Et c'est dans le scintillement doré des bitumes

Que se révèle l'adoration continuelle.

Une autre fois, les arbres te parlaient et les pierres

Et tu sentais couler la sève comme ton propre sang.

Ta vision était pénétrante jusqu'aux murailles crénelées.

Aujourd'hui, le basculement est extrême.

Tu contemples l'agora où marchent les élus

Et les anges.

Ils savent que tu es l'un des leurs

Et, à travers eux, ton regard se voile

D'une légère tristesse

Quand tu vois les sublimes statues en jaspe

De ceux qui ont refusé la vie.

Serge Lanoë - mai 1996 - Premiers Chemins

8.3 CAVALIERS

CAVALIERS

Les cavaliers ont trouvé la trouée

Dans la forêt si ténébreuse.

Oui, la lumière nous a manqué

Mais il était question de chants d'oiseaux.

J'ai enfin retrouvé les orchidées de mon enfance

Et les lianes qui faisaient ma joie.

Et voici que je contemple

Le manteau que tu m'as donné.

Sa laine est belle et pleine.

Quand je le mets, je vibre doucement

Et je connais l'intérieur des fleurs.

Nous avons vécu dans des époques décalées,

Mais maintenant nous nous sommes retrouvés.

J'ai vu ta ville et nos appartements.

Près de nous sont les Brûlants.

Tu le sais : nous sommes enfant l'un de l'autre.

Ce n'est pas un rêve incertain

Que de dire cette vérité.

Oui, nous sommes les Bien-Aimés solides

Sans les anciennes fragilités.

Laisse-moi te cartographier encore

Que nous circulions dans notre amour.

Serge Lanoë - janvier 2009 - La Truelle au Cœur

8.4 POÈME GREC

POEME GREC°

Je pris ton échelle et je sortis du monde.

De la neige noire brillait dans le ciel.

Le soleil avait une forme terrestre,

Il était large comme une feuille.

Les contrées avaient leurs contours dissous par des lacs.

L'eau était partout, c'est d'elle qu'a surgi l'homme.

Toute, elle était bulleuse et l'air fusait.

Cela trahissait les laves incandescentes.

Beaucoup de feux brûlaient sous le sol.

La mer en était salée, c'est la sueur de la terre

Et le sel cristallisait sous le choc des rayons.

L'univers ondulait et une brume d'étain montait du vide.

En ces confins du monde, j'eus un sentiment d'étrangeté.

Car c'est là que tu sièges les yeux pers et les cheveux de feu

Tandis que ces transformations s'inscrivent dans un temps défini.

Serge Lanoë - mars 1995 - Premiers Chemins

° ce poème contient des fragments de textes de présocratiques.

8.5 TEMPS ACHEVES

TEMPS ACHEVES

à Thierry Lescop †

Cet enfant qui roule sur l'herbe tendre,
C'est l'enfant que nous serons.
Emerveillé, il tient le monde dans sa main
Et l'éclaire avec son cœur.

C'est l'enfant de Dieu, le second, le cadet,
Celui qui est revenu, non sans embûches.
Mais il lui a fallu attendre
Que toutes les étoiles s'éteignent.

Il sourit et il bondit tel un jeune faon
Quand il se dirige vers la ville diaphane
Où il réside désormais
Parmi les arbres qui guérissent.

Le seul bruit qu'on y entende,
C'est celui du pur amour
Qui rayonne des corps bien-aimés
Traversés par le souffle éternel.

C'est un vent odorant
Qui parfume l'eau des bassins
En laissant comme de la rose et de l'oliban.

Cette eau étanche et nourrit.
C'est aussi l'eau du potier
Qui apprend à créer les mondes absolus.

Serge Lanoë - janvier 1996 - Éclats

9 ULTISSIMA VERBA

L'Éternité

Elle est retrouvée.

Quoi ? - L'Éternité.

C'est la mer allée

Avec le soleil.

Arthur RIMBAUD (1854-1891)

9.1 Ultissima verba : Christ

« *Devenus donc participants du Christ, vous êtes à bon droit appelés christs... Vous êtes devenus Christ* » *(Cyrille de Jérusalem).*

- **"alter Christus, ipse Christus" : un autre Christ, le Christ lui-même.**

9.2 Ultissima verba : Nescience

Quand nous regardons autour de nous, nous voyons Dieu [1] [2], mais dans la Nescience.

Et aussi...

- « *All are seeing God always. But they do not know it.* » *Sri Ramana Maharshi [1879-1950]* ;

- « *Life is this simple : we are living in a world that is absolutely transparent and the divine is shining through it all the time. This is not just a nice story or a fable, it is true.* » *Thomas Merton [1915-1968].*

[1] la Création est icône du Dieu Unique et aussi du Père, du Fils et de l'Esprit.

[2] « *Là où que vous vous tourniez est la Face de Dieu* » *(Coran, sourate II, verset 109).*

9.3 Ultissima verba : Amour

Vivre la relation sponsale avec le Dieu Unique.

Vivre la relation filiale et sponsale avec le Père.

Etre le compagnon [1] [2] du Fils incarné.

Etre le compagnon de l'Esprit [3].

[1] le terme français a une saveur d'intimité : étymologiquement le compagnon de quelqu'un est celui qui mange son pain avec lui, donc qui partage, en une large mesure sinon totalement, ses occupations et son existence même.

[2] en vivant l'Amour d'Amitié (φιλία : philía) et/ou l'unité sponsale.

[3] « *il sera tout ensemble le temple et le compagnon de l'Esprit théarchique - fondant sa similitude en Celui-là même dont il est devenu le semblable* » (Traité de la Hiérarchie Ecclésiastique par Denis l'Aréopagite).

9.4 Ultissima verba : Fils

Nous surgissons dans le maintenant, à l'image du Fils engendré éternellement par le Père.

Quand nous respirons, nous spirons l'Esprit d'Amour.

9.5 Ultissima verba : la « Vision » de l'Essence divine

La Perception de l'Essence divine par les sens (et, plus particulièrement, la « Vision » de l'Essence divine) est à l'origine de la Béatitude de l'être humain et le fait accéder au Jardin des Délices.

La conscience perçoit par les sens devenus spirituels sans aucun retour sur elle-même. Elle va même au-delà, en ce monde, par le moyen de la Foi pour plonger dans le cœur même de Dieu.

Tout dans la Création reflète alors l'Essence divine.

9.6 Ultissima verba : l'Etreinte

Non seulement, nous vivons la Vision, mais nous vivons, également, en tant qu'être humain racheté, l'éternelle Étreinte avec Dieu et avec le Christ : en un Contact quasi-permanent avec Lui où nous Le Touchons [1].

[1] « *Il me baisera des baisers de sa bouche ; oui, tes étreintes sont meilleures que le vin* » *(Ct 1, 2).*

9.7 Ultissima verba : Buisson Ardent

L'être humain, tout purifié, chante sa Joie alors que, devenu lui-même Buisson Ardent, il participe à la Vie Trinitaire de son Dieu.

9.8 Ultissima verba : une Vie Paradoxale

En fait, pour l'être humain uni à Dieu, il s'agit, maintenant, moins de la réalité d'une Kénose à la suite du Fils [1] que d'une Vie Paradoxale : Surnaturelle et Glorieuse... et, à la fois, ordinaire avec d'éventuelles tribulations.

[1] Kénose : du grec kenosis : vide, dépouillé. Terme technique du langage théologique ayant pour origine le verbe grec kénoô, utilisé par Saint Paul (Ph 2, 6-7) pour signifier le dépouillement du Christ dans son humanité.

Dans la théologie catholique, la Kénose désigne donc le fait pour le Fils, tout en demeurant Dieu, d'avoir abandonné en son Incarnation tous les attributs de Dieu qui l'auraient empêché de vivre la condition ordinaire des hommes.

9.9 Ultissima verba : le We-space

Le Développement en Dieu de la Personne Humaine a lieu dans le **We-space** et plus particulièrement le We-space divin [1].

La Personne Humaine est fondamentalement un Nœud de Relations dans le We-space.

« *Au terme [...], nous devons parvenir, tous ensemble, à ne faire plus qu'un dans la foi et la connaissance du Fils de Dieu, et à constituer cet Homme parfait, dans la force de l'âge, qui réalise la plénitude du Christ.* » *(Ep 4, 13)*

[1] la Trinité.

9.10 Ultissima Verba : le Jugement Dernier

Il y a un abîme étrange et infranchissable entre Babylone et la Jérusalem Céleste.

... et pourtant, la Jérusalem Céleste est Babylone rédimée.

Et Dieu dit humblement à l'être humain :

```
« Dis-moi simplement si tu veux de moi

  Quand tu partiras là-bas. »
```

(Paroles : La neige au Sahara / Anggun)

9.11 Ultimes paroles...

Voir dans chaque femme, Marie ou le Christ.

Voir dans chaque homme, Jésus-Christ ou saint Joseph.

Voir dans tout être humain qui souffre, le Christ crucifié.

Voir en soi quand on souffre injustement, le Christ crucifié.

Nous vivons constamment dans la Contemplation (le Face à Face avec Dieu) et même l'éternelle Étreinte avec Dieu : beaucoup n'en ont pas conscience.

10 GLOSSAIRE

Archétype en Dieu : l'Archétype en Dieu est un Modèle divin représentant un sujet (il renvoie à l'Archétype de chaque créature, Archétype qui est en Dieu [1] et qui est son Cœur divin).

[1] et plus précisément dans le Verbe.

Descente Hypostatique de l'Esprit : l'Établissement de l'Unité sponsale de l'être humain et de l'hypostase de l'Esprit peut être interprétée selon la pensée du Père Serge Boulgakov comme la descente hypostatique de l'Esprit sur l'être humain [cf. la Vierge Marie à l'Annonciation, Jésus au Baptême, les Apôtres à la Pentecôte…] : l'être humain est ici adopté comme « Fils » adoptif (ici, Jésus est adopté dans son humanité).

Fructus Dei : Fruit d'Amour de l'Unité sponsale des Personnes Divines entre elles ou de l'Unité sponsale entre les Personnes divines et l'être humain [1].

[1] et, par extension, de l'Unité sponsale entre êtres humains.

Full Access : le Full Access [1] correspond à un Accès Sans Conditions à Tous les Mondes, à Tous les Temps, qui est accordé par Dieu à l'être humain : l'être humain partage alors la Royauté avec Dieu.

Alors, l'être humain a accès à la Totalité de la Cité de Dieu, à la Totalité du Royaume et peut accéder quand il le désire auprès de Dieu et en Dieu [2].

[1] Plein Accès.

[2] son corps qui se sanctifie est son char céleste [en hébreu Merkabah] qui lui permet d'accéder à ces Mondes et auprès de Dieu et en Dieu.

Nescience : ouverture de l'esprit humain qui consiste dans le fait de ne pas déjà savoir.

Perception iconique : nous accédons au réel par l'intermédiaire d'une représentation du réel, d'une « perception iconique » du réel qui se forme essentiellement dans notre cerveau.

Cela signifie que nous avons conscience du réel au travers d'une « icône » du réel qui se forme en nous. Cette icône est « reflet-miroir » du réel et a toutes les caractéristiques pour nous du virtuel.

Semen Dei : Don d'Amour émané par Dieu [donc, divin par Nature], produit par Dieu ou bien créé par Dieu. Ainsi, tout Don de Dieu à l'être humain en vue de sa transformation en Christ, de son accès à la Vie éternelle et à la Vie Trinitaire est **Semen Dei**.

We-space : le cheminement vers Dieu possède une dimension individuelle (et, elle est importante) : mais, les réalités du Royaume de Dieu et de la Cité de Dieu nous invitent à progresser ensemble.

Ici, le thème du Peuple de Dieu est essentiel ainsi que ceux du Corps du Christ et de la Communion des saints.

Pratiquement, cela suppose que nous nous engageons à progresser sur notre chemin de vie aussi avec les autres en petits groupes ou en communautés fraternelles.

Cela signifie aussi que, vraisemblablement, certains paliers ne peuvent être franchis qu'en faisant appel au We-space [l'« espace du nous »].

Oui, je veux morebooks!

I want morebooks!

Buy your books fast and straightforward online - at one of the world's fastest growing online book stores! Environmentally sound due to Print-on-Demand technologies.

Buy your books online at
www.get-morebooks.com

Achetez vos livres en ligne, vite et bien, sur l'une des librairies en ligne les plus performantes au monde!
En protégeant nos ressources et notre environnement grâce à l'impression à la demande.

La librairie en ligne pour acheter plus vite
www.morebooks.fr

OmniScriptum Marketing DEU GmbH
Heinrich-Böcking-Str. 6-8
D - 66121 Saarbrücken
Telefax: +49 681 93 81 567-9

info@omniscriptum.com
www.omniscriptum.com

www.ingramcontent.com/pod-product-compliance
Lightning Source LLC
Chambersburg PA
CBHW031254230426
43670CB00005B/187